U0004072

catch

catch your eyes ; catch your heart ; catch your mind..

一直走就不怕孤獨了

A Journey with Myself

黃婷——著

好友說⋯

▪工頭堅（作家．自媒體．旅行長）

當黃婷和我們共同的好友建恆，一同成為我的旅行團員時，我還不知道她作詞。

直到後來，我才知道她是多麼優秀的詞人，而就在另一趟旅程中，大家唱起〈少年〉，說是要獻給擔任領隊的我，當下深受感動之餘，才真正體會，原來有人能將我們這般在旅路上沾滿風霜的中年心境，擦拭得那般明亮。

其實我從來未曾告訴別人，「詞人」才是我少年時最嚮往的身份。

詞人當然也可以是旅人，又或者是因旅行的經驗，使得他能夠更深入打磨歷練其文字，於是能在短短的字數中，隱隱蘊含著里程的重量。閱讀黃婷的文字，印證了我常主張的：最好的旅行文學，從來就不是出自什麼旅遊達人手中。

▪小寒（作詞人）

有別於我們其他作詞人，黃婷這回寫的並不是散文或詩集，而是字數密密麻麻、多到要命，照片也美到要死，特別靠耐力和體力的遊記。在這本遊記中，大家能夠看到黃婷外向的外殼，和她那雙跑了不知多少半馬的有力雙腳，大步大步地踏過我們這些詞作（「坐」）家一輩子做夢也不會想到，或走到的陌生領域，去把風景、文化、氣味、聲響帶回家，仔細地翻譯成精彩的一字一句，送到我們眼下。讓這些隱士們能夠家門未出，便可以深入其境地去活在那束光陰裡，哪怕就是閱讀到的那幾頁裡的一下子，已經算是一種福氣了。

■五月天 阿信（音樂人）

那個讓我在 BBS 上搭訕的女孩

「好喜歡妳的文字
請妳一定要繼續多寫噢！」

當年，我是在某 BBS 站上
這樣跟黃婷搭訕的。

一股衝動，就忍不住私訊了她。

那一年，
我還不認識這麼可愛而開朗的她。

而當時的她也不知道，
後來我們會成為好幾回旅程的戰友，
一起橫越了幾千公里。

—

看著她一篇篇文字，
關於音樂，關於旅行，
關於人生林林總總浮光片羽的心得。

字裡行間，
透露著一種透明清澈的深刻，
這是我第一次感受到這樣的文字。

「這樣去聽音樂，
這樣去感受人生，真是太好了。」

—

後來，
她變成了專業的作詞，
寫出了無數膾炙人口的歌曲，
也變成帶領陪伴暢銷歌手的 A&R，
催生了無數動人的製作。

而她依然本色不改，
每當她一雙眼笑瞇著出現，
周遭總是擁上了嬉鬧和調戲（？）
她的好朋友們。

—

事隔那麼多年，
黑底白字的站內訊息，
依然好像刻在心版上，
就像時間沒有前進過。

讀完妳的書，
還是想對妳說：

「好喜歡妳的文字
請妳一定要繼續多寫噢！」

■五月天　瑪莎（音樂人）

在維基百科上的「公路電影」是這樣定義的：

「是一種將故事主題或背景設定在公路上的電影類型，劇中的主角往往是爲了某些原因而展開一段旅程，劇情會隨著旅程進展而深入描述主角的內心世界。」

自己很喜歡的導演Cameron Crowe在二００五年拍了一部「伊莉莎白小鎮」，劇情描述原本是設計界當紅炸子雞的主角在經歷了職場最嚴重的挫敗且造成了公司巨大的虧損後，接到了父親過世的消息，於是失意地前往父親居住的小鎮奔喪。在深夜的航班上邂逅了身爲空姐的女主角，女主角給了他一份地圖，以及在這趟旅程中搭配聆聽的歌單。

在充滿戲劇性的喪禮過後，主角租了車隻身一人帶著父親的骨灰，跟著女主角所給他的地圖和音樂開始了一段旅程。想起了父親生前的種種，還有自己幾乎從天堂墜落到地獄的職涯，他在路途上和父親聊天，也把父親的骨灰沿途灑在某些特別的地方。

電影結束在男女主角在某地相遇重逢的開放式結尾，對於主角的職場未來或是接下來他們是否成爲一對，其實沒有什麼交代。

雖然我不確定這算不算是一部公路電影，但我非常喜愛這部電影。

就像其他我喜愛的那些公路電影：這趟旅程原本的目的最後是否完成了，似乎都不是這些故事的重點，反而在旅程中那些精彩的場景和經過，成了最後過濾了自己的心靈和眼睛最重要的那些部分。

當然，還有旅程中那些畫龍點睛的音樂。

所以原本打算快去快回的奔喪，成了數天和父親獨處敘舊的時光。

原本職場上的挫折和失敗，成了和自己和解並且看清現實的療傷。

所以其實黃婷所寫的這些旅程，目的根本不是爲了忘記吧?!

對同樣是金牛座的自己來說，這些旅程其實都是爲了不想忘記，所以才需要有個壯闊的儀式，才能好好把它封存裝箱在心裡一個很重要的位置。

所以攀上高山，走向極地；所以坐上沒有終站的火車，所以徒步走向罕無人跡的荒野。

越是讓這些旅程艱困且深刻，就越是把這些回憶深刻地存放在未來難以碰觸的地方。

就像最重要的帳號總是設定了大小寫英數混用到連自己要抄寫都覺得痛苦的密碼，

最珍貴的日記本要上鎖裝盒，然後再僞裝成其他的書放在書櫃上被忽略的某個角落。

這些遊記其實是用流水帳的瑣碎包裹著的心碎，用稀疏平常的描述仔細包裝的在乎。

就像我一直以來認識的黃婷一樣，就算再怎麼努力掩飾都還是會被看穿心思。

雖然人前總是很難假裝帥氣毫不在乎，但這卻是我覺得他最珍貴也最可愛的地方。

■林建良（非典型唱片企劃．偶發性作詞人）

我時不時就咆哮黃婷，可能是全世界最常咆哮她的人。有次，我們三人群組裡，傳來一張照片，從室內拍出去的庭院，一片綠意盎然，我和另一位好友小史接續秒回「？」「？」，黃婷幽幽地說：「我在京都呀！這是一個寺廟。」啊？昨天不是還在家裡跟我們 line 了整天？她說：「對呀，那時也正在訂機票飯店，然後就來了。」你說，能不咆嗎？

搶先閱讀新書，順便複習一下那種被她旅遊文突襲，討人厭的感覺。結果，還真不令人失望，書看不到一半，正想為她攀登聖母峰過程裡的苦難堅毅折服，冷不防一篇「高山上的犛牛排」，又令人火冒三丈，尤其寫到發現犛牛排時，前後每個字間隙的強烈驚嘆號，我又咆了：「到底哪裡的牛，妳才肯放過啊！」

黃婷是「一直走，就不怕孤獨了。」我們的心情絕對是「一直看，就不怕被傷害了。」

■林玻璃（貓尿小酒館主人）

收到邀約要為這本書寫幾句話的那天，我們在簡訊裡聊起我準備一年後搬去嘉義的事。

黃婷問我：為什麼是嘉義？

我說：上次去了覺得喜歡。

想想我又接著說：主要是，在台北的生活會一直開發某部分的我，但這部分的我已經有點飽和沒有成長空間了，但其他部分的我也很想出來玩跟成長。

黃婷回：非常理解，我覺得這底層的概念跟我一直去旅行是一樣的，只是我們的方式不同。

我們在很多方面都非常不同，她在我眼中算是個務實的人，我在她眼中或許比較不羈吧？比如我就從來不曾在旅程中做過這麼詳盡的記錄，我總認為記不得的就表示不需要記得了。

然而有一點我是能感覺我們的相似，那就是尋找。如果心之所向並不在足跡所到之處，那就表示它還在另外的地方，那就只能起身去尋找了。所以我們不是常一起晃悠的朋友，但偶爾約了，總能直接聊進蠻深的地方，因為在尋找的人總是充滿了疑問，也總是還沒有放棄希望，交換一下彼此的戰略和風景，總會互相有啟發。

在無限廣闊的人生中，我們都還在繼續旅行，藉著每一步跨出的足跡去認識自己，或創造自己。也許在持續擴充開發的過程中，漸漸我們會感覺越來越相近吧？當靈魂內在的可能性越飽滿之後，人與人之間的差異或不相容，大概都會變成一種溫柔的理解或有趣的欣賞吧？而那些錯過的，也會成為祝福。

■ 梁靜茹（歌手）

倘若不曾遇見妳，我便不曉得可以變成暫時的妳，部分的妳；那些歌詞中的口吻、語氣，成為了我和妳瞬間的，獨一無二。我生命中有份美麗不可或缺，那就是幾次我們的交談、對視、微笑、擁抱。

她寫的歌，變成她的故事，她的故事，寫成了歌。

最近，我有時候想聽她唱多一些，沒想到她就寫了一本書……

用這本書淡忘曾經很重要的人，告別過去，旅行隨筆，拍下一些照片，整理了自我，她再次出發，此刻她的幸福無處不在，她的感受像棉花，柔軟了自己，用文字陪伴他人寂寞的靈魂。

「沈澱文字，風乾記憶。」
祝福黃婷，圓滿、樂自在、眾樂樂。

——FISH

■ 呂蒔媛（編劇）

怎麼有人可以做那麼多工作，
還可以一直旅行？？過份！

■ 徐譽庭（編劇．導演）

方方面面來說，
我不太確定「出走」或「留下」，
哪一個更勇氣可嘉？

我是留下的那一種人。
黃婷是出走的那一款。

謝謝黃婷帶我降落在世界最危險的機場、
抵達世界的屋脊、
忍著痛楚、
用力吸著越來越薄的氧氣、
爬上了聖母峰基地營！

▪ 陳德政（作家）

黃婷的旅行，在高度與距離之間徘徊著。

高度，是聖母峰基地營的 5164 公尺；距離，是西伯利亞鐵路總長的 9288 公里。這些數字，旅行時是沒有意義的，高度和距離在旅行時提供了客觀的座標，但旅行——尤其發生在非熱門景點的旅行，旅人時時面對的課題，是如何在陌異的環境中，安頓自己的心。

聖母峰基地營在當代，算不算非熱門景點呢？我不太確定，也許它已經相當熱門了，造訪者眾。黃婷在書中回溯的四趟旅程，都是我尚未涉足之地，在她的書寫中，我的想像也飛到了南極，飄到育空河畔，替未來的旅程預熱著。

一個人的旅行，會逼使人去看見生命最本質的狀態。一個人旅行有一種暴力，散發孤獨的氣味，只有體會過的人才知曉。我知道很多音樂，陪黃婷走完了那些路。

儘管我還在這裡，
卻彷彿已乘願歸來。

下一站是育空河漂流。
且讓我再多吸一點渾濁的空氣、
多躺一會兒鬆軟的被窩，
我再跟上你。

▪ 陳綺貞（創作歌手）

是我寫了〈旅行的意義〉這首歌，
但黃婷是〈旅行的意義〉的實踐者。

CONTENTS 目次

CONTENTS 目次

序——

還好那年去過你心裡

有好長一段時間，我一直在出走。
為了能說走就走，放棄了穩定的工作。
為了忘記一個人，一次又一次，試圖逃得更遠。

逃離，流浪，遺忘，遠方，孤獨，找自己。
這些關鍵字，連結著任性脫軌的陳腔濫調。
那些年，我只有活在陳腔濫調裡，才能釋放。

反正，每場愛情不也是同樣地毫無新意；
瘋狂地熱烈過，
再用全部的悲傷去冷卻。

作為一個寫歌詞的人，
常被調侃：又去旅行找靈感了嗎？
事實上，我沒有幾首歌是在旅途中完成的。

旅途中的靈魂，比任何工作的時刻都還要忙。
光是忙著整頓內心的糾結，就使我精疲力盡。

所以旅行之後，又花了七年的時間，
沈澱文字，風乾記憶，
直到用無數的日常去磨礪，
直到歲月點滴淘洗掉年輕時善感而多的愁，
那些風景，才終於完完全全地屬於我，
不再屬於那個曾在我生命中旅行的你。

而能在時間中倖存下來的蛛絲馬跡，
就是真正值得說的。

我還留著書中四段旅程中所穿的鞋。
後來就再也沒有穿過了。
想要忘記的那個你，後來也很少想起了。

曾經，走得再久、再遠也甩脫不了的痛苦，
曾幾何時，都已淡去了。

在此刻的幸福裡，
終於懂千帆過境，都是為了各自的彼岸。
終於能輕輕描、淡淡寫。

然而你可能永遠不會知道，
是你引領我走完這些旅程。

還好我曾經不放棄，也終於沒有繼續。
還好那年去過，你心裡。

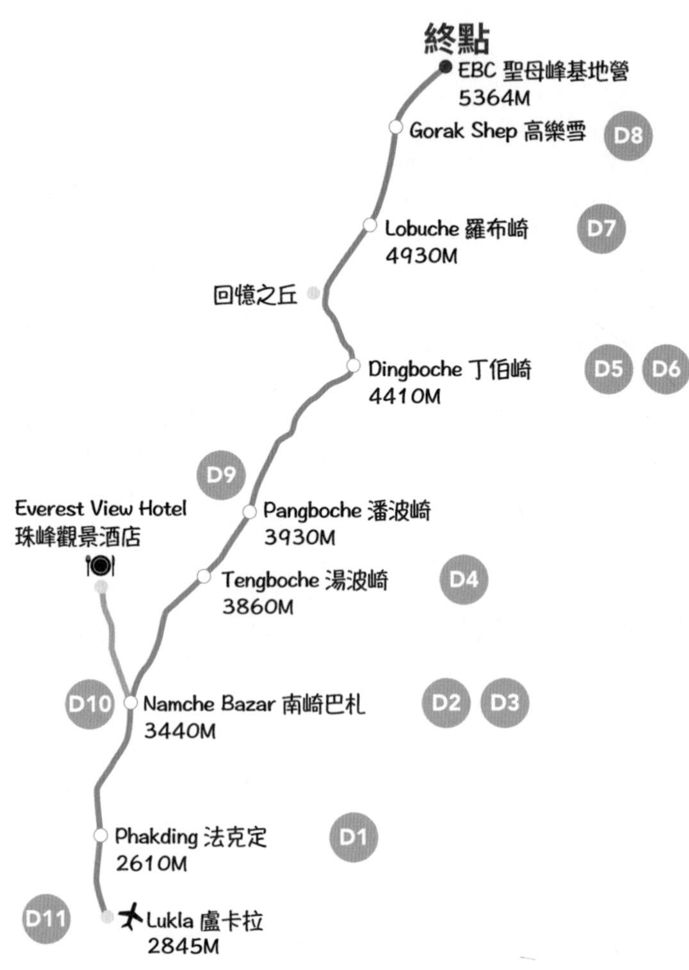
終點
EBC 聖母峰基地營
5364M
Gorak Shep 高樂雪
D8
Lobuche 羅布崎
4930M
D7
回憶之丘
Dingboche 丁伯崎
4410M
D5
D6
D9
Everest View Hotel
珠峰觀景酒店
Pangboche 潘波崎
3930M
Tengboche 湯波崎
3860M
D4
D10
Namche Bazar 南崎巴札
3440M
D2
D3
Phakding 法克定
2610M
D1
D11
Lukla 盧卡拉
2845M

第一章

走山——聖母峰基地營健行

那年去日本爬富士山，跟一個當地的團。

同行團友與我搭訕，問：「你常常爬山嗎？」

我：「沒，其實很少，只有兩次。」

團友鬆了一口氣，覺得還好有肉腳。

我接著說：「兩次都是喜馬拉雅山系就是了……」

團友：「……」

Day 0: Taipei 台北 - Kathmandu 加德滿都

改變：一個承諾的實踐

夜很靜，時鐘在桌前滴答、滴答，拖著人生，拖著機械式的步伐，循環在一個沒有終點的圓周裡。十坪大的屋內昏暗，桌前一盞小黃燈，我在電腦前滑動游標，為我的武將進行訓練，並設法提高人民的忠誠度。

沈迷於三國故事的網路遊戲好幾個月。每天早上醒來第一件事，就是打開電腦，耕種、築城、尋找武將。我汲汲營營，孜孜不倦，認真如工作，甚至為遊戲課金，換取虛幻的財富，以便讓那螢幕中碰不到摸不著的「國家」資源增加，把「武將」練得更兇猛，攻城掠地，最後才好前往一統天下的道路……

一統天下。是什麼天？什麼下？天那麼大，底下一個渺小的我，三十好幾，工作陷入膠著，感情寄託空白，日子庸庸碌碌。衣食無缺，往復日常，彷彿擁有了一切，卻又一無所有。

那段日子，每天都想逃。

逃進征戰殺伐的電腦遊戲，逃進彈性疲乏的勵志日劇，逃進徒勞無功的健身房，逃進一個人的電影午夜場，逃進書買了沒看、忘記買過、又重複買的敦南誠品，逃進言不及義的朋友聚餐。

每天都在逃，從公司逃到家裡，再從家裡逃進公司，逃到無處可逃，越來越不知道，還能逃去哪裡？

荒蕪的心思裡，我的工作不信任我，我的朋友不了解我，我愛的人不愛我，生活重心找不到我。

我看似四平八穩地走在一個軌道上，但沒有終點站。

比荒唐的人生還荒唐的是，無聊的人生。

沒人能告訴我，我該怎麼辦？

直到，一個一如往常的夜，玩累了電腦遊戲的我在網路上四處亂逛，沒有特別要找什麼，突然一段話像命運的跑馬燈，從眼前跳出來：

行走於八千米群峰之中尼泊爾——來自心靈與肉體的歷練。
登山活動是一種非常使用體力的運動，
特別在尼泊爾「登山路線是沒有替代的公路」，
於是你必須一步一步地走上數天或數十天來抵達你的目的地，
這些時間足以擊退酒肉人生、毅力不足的人，
而完成的人必也接受了一番心靈與肉體上的洗滌，
對往後看待人生的態度上有所改變。

「改變」，這兩個關鍵字在視線中立體了起來。對了！是它。
靈光乍現，如被雷擊：我需要的東西，就是改變。

一個能夠跳脫眼前生活的改變。
一個讓血液再次沸騰起來，讓靈魂脫胎換骨的改變。
現狀沒有不好，也許就是太好了，因此，總覺得一定還有什麼是我更渴望的，我要去找到它。

再往下看：

> 尼泊爾高山健行的特色「那路線上，一個一個的村落，串連起來的路。」
> 你從頭到尾都不需要帳棚睡袋，炊具糧食也一樣不需要，
> 如果你願意，當然也可以背著上山，找間有提供場地的旅館紮營，
> 這兒一路上都有小店供應著你的所需，
> 這些所謂的 Tea House，有如武俠小說中的客棧，
> 立於路途之中，給旅人一個歇腳喝茶的場所，
> 有些只有提供茶水、有些還提供吃飯住宿，
> 全世界再也難找到一個地方能讓人專注於步伐之中，只要你努力讓自己爬上去，關於吃的、住的都不需要煩惱。（註）

（http://rtw.otr.tw/walking-among-8000-meters.html）

「武俠小說中的客棧」、「歇腳喝茶的場所」、「專注於步伐之中」，這些字眼勾起我早已因奔忙於現實生活、忙著長大、忙著追逐成就而遺忘許久的流浪魂。

金庸小說中的武俠世界，曾是我心靈的烏托邦。從小便嚮往俠客浪跡江湖的瀟灑，一個人只求簡單溫飽，釣魚摘菜，其他什麼都不需要，雙腿健壯便可以一直走，走很遠，以這天地間的自由之身，走到任何地方。於是當看到居然有一種健行活動，能進行這樣的生活模式，我頓時興奮起來。

既然眼前沒什麼好留戀的，不如就出去走走吧。

這行程說的是到尼泊爾的「世界屋脊」喜馬拉雅山脈進行「EBC健行」。EBC是Everest Base Camp（聖母峰基地營）的縮寫，是健行的終點。這是一條著名的健行路，要用雙腳花十幾天時間，走上專業登山者要攀登世界第一高峰「聖母峰」前駐紮的營地：海拔五三六〇公尺的「聖母峰基地營」。

百年來試圖往聖母峰登頂的登山客們，會先在EBC駐紮數月，適應海拔，觀察氣候，進行訓練，再看天候狀況，伺機攀登世界最高峰、海拔八八四八公尺的聖母峰。

至於非專業登山家的健行愛好者，最高便是走到EBC，也算是實現親至世界第一高峰的夢想。

是聖母峰啊。

小時候地理課本上的常客。在西藏，它叫「珠穆朗瑪」（Chomolungma），為了確實背下這個名字，不知重複念過幾百次，最後考卷上還是寫錯。在那個離開高雄就感覺哪裡都很

遠的學生時代，這些山啊海啊城市啊，通通都只是個名字而已，不知所以地背下它們，卻從沒有拉近過和它們的距離。

攀登聖母峰從不是我的夢想，在認識它許多年後的此時，耳邊卻驀然響起聲聲召喚。

平凡無聊的生活裡，如果加上一個關於「世界第一高峰」的記憶，應該會有些什麼不同吧？至少，能讓離我而去的那個傢伙，驚訝於我的不同吧？此時此刻，我把人生的曙光，寄託在一個毫無邊際的想像裡。

被一股無名力量驅使，我沒有再多想，甚至沒有認真考慮自己的體力狀況，看看出發日期是半年後的十月，行事曆上目前一片空白，於是寄出了一封報名健行隊的E-mail。天曉得半年後會發生什麼事，明天就被fire了也說不定。不管屆時工作放不放得下了，任性的行徑能帶來療癒的快感，我在行事曆上填入尼泊爾的行程，並向老闆寄出（半年後的）請假信。

在台灣，我雖然定期做些跑步運動，但從不登山，也極少健行。以往所有的「旅行」都是搭飛機去海外住特色民宿或飯店，看山看水擺拍，買東西，嚐美食，享受生活，何曾意識到，有一種旅行將伴隨著極大的痛苦、心靈上的糾結，有如苦行僧一般，歷經波折，才能完成。

但此刻，我知道我需要。

也許每個彷徨不定的人生階段，都需要一個承諾去實踐。

也許，就算忘不掉一個人，至少可以改變現在。

我決定給自己一個做出「改變」的承諾，然後，去實踐它。

可當時我並不知道，那個衝動報名的夜晚，將帶我去向一個什麼樣的未來。

註：那段關於尼泊爾高山健行的文字，寫於一個網站叫「達人帶路」，由一個環遊世界十多年的巨蟹座男生 Fish 所創立。他的夢想是帶著志同道合的夥伴，去拜訪地球上那些他覺得美妙的地方，即使行旅的過程並不會像一般觀光打卡一樣輕鬆。

加德滿都第一夜

半年的到來比想像中快。從四月到十月，工作、吃喝、小憂鬱、小確幸，日復一日循環，人生並沒有什麼變化，除了，多了一件事可以期待。

夏去秋來，氣溫漸涼。這期間趁空檔去體育用品社買了些生平第一次使用的裝備：登山鞋、登山杖、頭燈、GORE-TEX 外套……等，也沒管品牌，隨意聽聽老闆的推薦，堪用就好。再到藥局買預防高山症的藥「Diamox 丹木斯」，關於原理，聽藥師解釋了許久，只記得一些用法的重點：「在上高處的前一天吃，可以幫助你增加血液中的含氧量，但有手指麻、利尿的副作用。」

出發。從台北飛廣州白雲機場轉機，再轉往尼泊爾首都：加德滿都。

第一次來到尼泊爾，這個過往我的旅行清單上不曾出現的國度。在加德滿都的 Tribhuvan 機場和健行夥伴們集合，本趟 EBC 健行有十人同行，加上我們的領隊魚大跟阿秋，幾乎全是陌生人，而一呼吸到異國的空氣，我就感覺自在。

不似一般國際機場的宏偉，Tribhuvan 機場用紅磚建成，挑高僅有同於一般住屋的三米高，燈光也頗昏暗，空氣中瀰漫著香料的味道，是熱帶的野生自然所散發出的味道。

出機場大廳，健行公司安排十五人座麵包車來接我們。車頂有置物架，一位黝黑的男子站在車頂，竟要我們直接把行李搬上去給他。同行的幾個人合力把大家的行李往上抬到車頂，

搬到我的行李箱時我有點害羞，因為：太重了！竟然要三位壯漢合力搬運我的行李箱（其他行李大部分都兩位就夠了），他們心中一定在碎念說不知道裝了什麼石塊在裡面，我裝作若無其事……其實，只是書比較多啦！

每天要健行六七小時，還帶了一堆書，那時的想法真是天真。後來事實證明，一天能看個十頁書已算是萬幸，大部份時候，一到落腳處就累癱，晚上只想早早入睡。

對加德滿都的第一印象是沙塵。這城市少見柏油路，偶有水泥路已算是頂好的。車子奔馳在黃土路上，揚起漫天飛沙。另一個印象是色彩繽紛：路上的車常在車身繪滿了塗鴉，路邊建起的平房牆壁上刷著五顏六色的油漆，搭配路邊攤裡各式七彩水果，以及尼泊爾人以大紅色為主的鮮豔衣著，令人眼花繚亂，但也充滿了生命力，散發謎樣的色彩。

我似乎可以碰觸到那環境帶著粗糙的質地，空氣中混雜著香料味與綠葉的濕氣，建築物都像植物一般，從泥土地上生長起來，房屋緊緊比鄰，門戶敞開，尼泊爾當地人常生著大大的眼珠，咕嚕嚕地轉，帶著無邪的微笑，距離彼此彷彿很近。

加德滿都第一夜，我們一行人下榻在 Moon Light Hotel。旅館的大門隱藏在小巷之中，鑽進去柳暗花明。進房洗了澡，上網將最後的公事處理完，夜已深，我把筆記型電腦丟進行李箱，上鎖，明天會將它寄放在旅館。

接下來的十幾天，不用再碰電腦，這煩惱之源。

Day 1: Lukla 盧卡拉 (2845m) - Phakding 法克定 (2610m)

世界上最危險的機場

一早五點多被叫起床，完全沒睡夠，恍惚中扛起昨夜整理好的黑色軟性裝備袋，袋中是進山裡要用的簡單衣物、日常用品（筆、書、日記本、手機充電器、盥洗用具），跟著夥伴們搭車前往機場。加德滿都的清晨杳無人跡。

十二人座螺旋槳小飛機，機身上寫著「9N-AHB」，載我們飛離加德滿都，飛離城市。空姐為每個乘客送來棉花，塞住耳朵，得以隔絕相當程度的噪音。小飛機只有單排座位，在侷促的空間中坐著，覺得機艙很薄，彷彿伸手就能摸到天空。

因為睡太少，登機前腦子還恍恍惚惚的，歷經約三十五分鐘的飛行，窗外能看見喜馬拉雅山脈覆雪的山頭，降落在「世界上最危險的機場」盧卡拉（Lukla）的那一刻，群山環抱間，我才忽然意識到：終於要踏上無數登山客踩過的路，走向數百年來積累著傳奇的聖母峰。

已經飛了好遠，遠到快要想不起台北城的樣子。放眼望去盡是連綿的大山，青天朗朗，另一個世界在眼前無窮開展。

尼泊爾盧卡拉機場建於一九六四年，海拔約二八五〇公尺，是喜馬拉雅山的門戶，也是大部分要挑戰聖母峰的登山客必經之地，多數登山客都是搭飛機到此處，開始步行向上爬。

幾乎是在山壁上鑿出來的機場，建有一個「在世界屋脊上的跑道」，僅寬三十米、長五二七米，短小到令人心驚；跑道的一頭是群山環繞，另一頭則是懸崖峭壁，飛機起飛時要沿著跑道往懸崖直衝出去，如果速度跟高度拉不起來，就差不多是要向世界大戰時的日本神風特攻隊致敬了。

因為海拔高，氣候也十分不穩定，盧卡拉機場常常因為大霧而取消班機，光是能安全降落，就值得燒香慶祝。我們運氣好，抵達的這一天竟豔陽高照，天空清朗蔚藍，四周的山頭雲霧繚繞，幾乎令人錯覺是降落在天堂。機場旁建造藍白相間的兩層樓平房，高處掛滿五色

旗，濃濃的尼泊爾風情。綠草地斜坡上用白色的小花種成大大的「LUKALA AIRPORT」（盧卡拉機場）字樣，飛機飛在高處時，遠遠就能看見。

夥伴們魚貫走下小飛機，踏上那傳說中世界海拔最高的飛機跑道。

此刻開始，要走上五千多公尺高的聖母峰基地營，都只能靠雙腳了。

背起我輕便的後背包，拿出登山杖，踩著大塊大塊岩石拼成的階梯走向盧卡拉鎮上，山路顛簸狹窄，四輪車難以通行，處處可以見人力搬運物資的蹤影，我與一個揹伕擦身而過，他背著比他自己身寬兩倍、高三倍的三層大木板，彎著腰走著，穩如泰山。

鎮上不時有氂牛隊伍經過，毛長腿短的灰黑或棕色氂牛，頭頂著彎彎像鬥牛的兩隻角，背上有鞍，低著頭搖著屁股，緩步前行。牠們肩負著搬運重物的責任，在這高原上與人類生活息息相關。

是個風光明媚、適合健行的早晨，先在盧卡拉鎮上一家餐廳中小做歇息，店員為我們倒上一杯熱呼呼的 MASALA TEA，濃厚的甜味隨著香料味滑入喉嚨，暖了胃。整理行裝，準備上路。

在餐廳中認識了此行我們的嚮導。他名叫 Rajesh Thapaliya，黑瘦體型，雙眼有神，看上去是個聰明的人，中分的短髮帶著幾分瀟灑，說是文質彬彬也不為過。雖為登山嚮導，Rajesh 卻畢業於音樂系，同時還是個發行過唱片的尼泊爾歌手。之後路上，每當我爬得氣喘吁吁，四肢並用、狼狽不堪時，回頭看 Rajesh，都見他一派輕鬆，雙手插口袋在悠閒漫步，好像跟我們是不同時空的人。嚮導在登山路程中極為重要，他會帶領我們走正確的路，並且確保一行人都安全在路上。

和夥伴們把主要行李放在大大的軟式行軍裝備袋裡，交給雪巴人揹伕，自己身上只背一個小背包，裝著當天爬山的必需品：水壺、零食、防曬油、行動電源、帽子外套等等，裝備袋就由揹伕背上山。一個裝備袋大約十公斤，每個雪巴人揹伕可以背三、四袋，也就是三十公斤以上。將這樣沈重的負荷扛在肩上爬山，他們還是可以走得比輕裝的登山客還快，屢屢超車，遠遠就在一小時外的休息驛站等待我們跟上。果然是大山孕育的民族啊！

這段路，一步一步要走好

從盧卡拉鎮上出發，先在警察局登記入山，然後通過一個類似山門的綠白色拱門，就算正

THE
GOMBA LODGE
TYANGBOCHE
Cafe
Tengboche
Tengboche

式踏上 EBC 的路途了。

上路沒多久就先遇到一座長長的吊橋。在往 EBC 的路上，吊橋是我們經常遇見的朋友，連接山與山之間的鐵索，堅韌而孤獨，走在上面總迎來強風，整個人蕩在半空中，像漂浮在異次元。走到橋中間時往下看，河川在腳下躍動著。

山樹青蔥、陽光溫煦，十月下旬，在尼泊爾海拔兩千多公尺的山路上走著，體感溫度攝氏二十度，清風吹拂，心曠神怡。如果在平地的城市裡，是那種坐在咖啡館的靠窗位置、於氤氳的咖啡香中聽爵士樂、讀一本日系小說的好時光。

但我們這群想不開的人們，選擇走在荒涼的山路上，沒有咖啡，更遑論爵士樂，只有大自然的風聲鳥鳴，汗水滴落，帶著步伐一步一步通往更高處。

第一天的路程，竟一路下坡，輕鬆愉快地穿越田園風光，直達山谷底部的小溪畔。也許因為新鮮，我興奮地全身充滿活力，步履強健，幾乎是以飛奔的速度，跟著前方的夥伴：小高和妮可，走在第三位。

小高是登山愛好者，在台灣就有週週去登山的習慣，爬上喜馬拉雅山脈只是他一個必然的

check list 而已。他戴著一頂大盤帽，背著單眼相機，滿面笑容，走得從容自在。妮可是我這趟健行中一路相扶持的室友，陽光女孩，身材瘦削緊實，運動健將，攀岩長跑樣樣來，一身勁裝，健步如飛。

比起他們，我是個長期宅在電腦前吃零食的胖子，在台灣爬過最高的山是住處後山的小坡，仗著一周運動一兩次的習慣，竟也跟人一起來上海拔五千多公尺高的喜馬拉雅山脈。

事已至此，多想無益，就前進吧！撐著手感頗為陌生的兩支登山杖，一步一撐，揮汗，放空，走山。

大部分是黃土路，偶有大石拼成台階，走過一個又一個小村落，一段又一段下坡與微上坡。陽光灑滿天地，農舍坐落於青草地間，溪流在山谷中蜿蜒著，偶有瀑布點綴，唏哩嘩啦的聲音迴盪，一個郊遊般的光景。我實現夢想，把自己當作古代流浪的劍客，瀟灑地走在荒野中。若再戴頂斗笠，將背包換成布包，大概就可以演武俠電影了。

不知道走了多久，到一個彎道處，迎面搖擺來一群馱著物資的驢隊，牠們脖子上的鈴鐺噹噹作響，清脆好聽。但山道太窄，一邊是山壁，另一邊是陡峭的樹林斜坡，和驢隊並行走時心中還真有點毛毛的，不知哪時牠們會突然後腳一踢，若我正好站在崖邊，就GG了。

我連忙側身貼在山壁上，讓驢子們先通過，青草味夾雜著牠們身上的體臭，聽見趕驢人么喝著、努力把驢隊維持成一條線，好讓出空間給行人……忽聽見嚮導在幾十公尺外的後方用英文大喊：「靠山壁，不要跟驢子擠！」

話聲未了，我還在琢磨那帶著濃濃口音的英文，試圖拼成完整意思時，突然後方響起一群人的驚呼，驢隊產生騷動，牠們開始快速四散奔走，沈重的腳步踏著山徑，趕驢人急促地喊起來，夾雜著鈴鐺雜亂的聲響，我驚詫地回頭張望，看見驢們在茫然亂竄，夥伴們圍在崖邊，正七手八腳地拉起另一個夥伴……

是小文。我趕上前幫忙扶起她，才知她在與驢隊「會車」時，被那龐大強壯的身軀擠到，不慎腳一滑，踏進山道旁的斜坡，踉蹌跌倒，後腦勺撞擊到石塊，破裂流血。幸好在還沒滾下坡前，及時被大家拉了起來，她才沒有順著重力加速度遠離我們。

驢子們彷彿什麼也沒發生一般，又搖搖晃晃悶頭踏上牠們的路途。驢肯定也不知道闖了大禍，說不定內心只是在碎念：這些人類為何要擋路！

小文驚魂未定，一句話也說不出來，畢竟，只差一點點，就會變成一部災難電影。然而這只是健行的第一天，往後路程還很長，心臟不夠強可不行。這群彼此還不認識的夥伴們，手忙腳亂地為小文包紮頭部傷處，然後在額上綁一圈像日本人「必勝」的白紗布，彷彿在宣誓一定要走完這段路途的決心……

經過這一突發狀況，接下來的路程變得很安靜，我也放慢了速度，再沒心思貿然疾走。第一天就獲得大自然的一個下馬威。雄偉深邃的喜馬拉雅山脈，彷彿默默在用它的方式提醒我們：這段路，沒有想像中容易，一步一步要走好。

這天早上是約莫十一點從盧卡拉上路，下午三點四十抵達目的地，扣除午餐時間，步行了大約三點五小時，除了一個驚險的插曲，算是相對輕鬆的一天。落腳在海拔二六一〇公尺高的 Phakding 的山屋中，比出發點盧卡拉的海拔還低了兩百公尺。

這真是個令人絕望的消息。原以為爬山，當然就是要一直往上爬，每天累積一些高度才對。哪知在往上爬之前，這地形硬是要我們先往下走，反而到了更低點，明天將花更多力氣，才能迎向更高處。

而對於這樣的必須，人是一點辦法也沒有。只能順應它，在揚起前，先落下。

Day 2: Phakding 法克定 - Namche Bazaar 南崎巴札 (3440m)

沒人能幫忙，只能自己走

山屋第一晚，七點五十就上床，也許時間太早，且不知是海拔太高，還是這幾天都睡太少，被疲累侵襲，開始頭痛，難以入眠，輾轉數小時。夜半起來吃了頭痛藥，才又沉沉睡去。

清晨五點半被鬧鐘叫醒，又是晴朗的一天。陽光從青綠的山後面透出來，霧氣瀰漫山頭，早餐後，七點五十我們整裝上路，迎向 EBC 路程中的第一個晨曦。

今天的地形上上下下，許多時候山路狹窄，難以並排，只能一個人一個人依序通過，彼此對話也不方便，大部份時間，一行人沈默地走著。順著山路起伏，路線彎轉，腳步機械式地推進，上坡時氣喘吁吁，下坡時步步為營。偶爾累了停下來，夥伴超越過去，或是一起駐足，都是一個互望微笑的默契。空氣是冰涼的，汗水漸從背脊裡透出來，濕了衣服，也是冰涼一片貼在身上，風吹來，冷颼颼。

前進，前進，前進。

沈默地經過很多秒鐘，很多分鐘，很多小時，只是前進。

一開始還新鮮，東看西看，不亦樂乎。時間越來越長之後，景色無甚變幻，新鮮漸褪，心境開始內化，趨於放空。

在身體機械式的勞動之中，就得到了腦子的空閒。其實我感覺自己是帶著生活裡的千瘡百孔，感情中的千絲百結，沒有出路了，才來到這鳥不生蛋的大山之中，從事這難以解釋的登山行為。

從地平面脫離，爬上高峰，好像它象徵著一種逃走。飛出台灣，不斷地移動，不斷地離開，不斷地逃。逃到一個可以大口呼吸的地方，才能甩脫眼前生活的窒礙。

弔詭的是，越往上走，空氣越稀薄，呼吸越困難，卻越感覺到自由。

有時走到一口氣提不上來，悶在胸口，兩條大腿痠痛得幾乎顫抖，再多跨一步都能撕心裂肺，抬頭一望那山坡路還是扶搖直上，與天上的白雲遙遙接軌，地上的自己真會感到絕望。可那痛苦如此真實，真實到除了奮力抵抗，別無他法，如果不抬起腿繼續走，停在半路的任何一個荒涼野地，等天一黑，氣溫陡降，只會更痛苦。

要在原地等待痛苦的滋長，或是至少抱著一點希望繼續走？這不是選擇題，或許，更接近於宿命。

事實上，比起內心的糾結，肉體上的勞累實在輕鬆許多。

比起幾次和愛人大吵一架之後的滿額冷汗、渾身顫抖，比起工作上的無力傷心，比起日復一日對生命的焦慮茫然，比起為自我的價值而感到懷疑失落，一段目標明確、在顛簸山道上的爬行就簡單得多。

分手的愛人再也回不來，逝去的青春也回不來，但爬山，我可以堅持自己的意志，總有一天達成目標。如果可以的話，我願意用爬一百座EBC的辛苦，換一次生命遺憾的追回。但，那不可能啊。

從二六〇〇公尺高的Phakding開始一路陡上坡，沒完沒了的上坡，大口大口的喘息，腳力一次一次突破極限，奮力上升八百公尺，到達三四〇〇公尺高處，肌力、肌耐力、意志力，所有這些我所缺乏的東西，突然之間都被擠壓出來，每一秒都覺得自己快不行了，下一秒卻都還是在前進著。

一邊前進，一邊與身體上的疲累相處，找尋對抗之道。慢慢我發現：用鼻子深呼吸，比較能控制節奏。原先習慣用口呼吸，山間的冷空氣卻讓喉嚨時時乾涸無比，且吸進去的空氣沒有鼻子來得深而均勻。於是，當再遇到一個陡峭的長石階時，就試著以鼻子深深呼、深深吸，一步一步踏上去，好像節奏好多了！也能走得更長了。

就這樣，一行人爬行在某個不見天日的轉角，一旁緩步跟上來的 Fish（我們喊他魚大），悠悠地說：

「就算慢慢走，也終究能走完的。」

「這爬山啊，沒人能幫忙，只能自己走。」

他像個神龍見首不見尾的武林高手，說完這幾句話後，露出不明所以的微笑，又悠悠地揚長而去。

終於在下午四點二十抵達目的地，差不多也開始變天，冷了起來。今日步行約六個半小時，落腳在海拔三四四〇公尺的南崎巴札（Namche Bazaar）。是個座落於山坳裡的城鎮，一棟棟整齊的屋子，藍、綠、紅色的屋頂相間，格子狀的窗戶羅列，遠看像是用樂高積木在山坡上蓋房子。

走了兩天荒涼山路，南崎巴札的出現簡直像是天堂，它是聖母峰山區最大的雪巴人交易市

場所在地，有餐廳、咖啡廳、理髮廳、日用品販賣店，一些生活用品可以在這裡買到。

然而，即便算是這山區最大的城市，我們還是開始面臨生活的考驗。海拔三千多公尺的高處，寒冷是最大的敵人。山屋的房間裡都沒有浴室，這意味著夜裡若想上廁所，要爬出被窩，摸黑跟零度以下的氣溫戰鬥。水資源稀少，洗一次澡要花五百盧比（約合新台幣一百五十七。盧比換算台幣 =1:0.314），而且水還不是太熱，大約只有二十幾度吧。電資源更少，為一顆電池充電要付三百盧比。山屋中設有 Wi-Fi，一天三百盧比，雖說在這樣的生活條件下已是難得，但網速差不多可比我爬坡的速度。

冷，無時無刻的冷，吸進來的每一口空氣彷彿都能將肺給凍結，全身的毛細孔都是緊縮著的。只有躲在山屋中設有暖爐的桌子前，才稍微回溫。晚餐是野菜湯和乾硬的烤雞排。好不好吃都別無選擇，為了蛋白質，只能吞下。

夜裡在餐桌上寫日記和明信片，也收一下 E-mail，維繫了一點跟外界的連結。在山屋裡看著螢幕裡從遠方傳來的文字，工作相關的訊息，錯覺自己像是站在很遠的地方，冷眼觀望城市裡的人群雜沓，那一切的五光十色，都與我無關。

書寫中，偷聽到鄰座其他健行者的談話：

「我離家後，才知道家給了我什麼。」

「在這裏，一早起來打開窗就看到山，這才是我要的人生啊！」

家給了我什麼？

這是不是我要的人生呢？

Day 3: Namche Bazaar 南崎巴札 (3440m) 高度適應

高山上的氂牛排

昨夜我開始吃下第一顆預防高山症的丹木斯，從開始吃它之後，必須每十二小時吃一次，吃到爬上最高處為止。夜裡因頻尿的副作用，好幾次痛苦地從被窩中爬出來、在絕冷的空氣中衝入廁所。再加上晚上喝太多 Masala Tea、Ginger Lemon Tea 這些利尿茶飲，本來就對咖啡因敏感的我，竟然大失眠，好不容易睡去沒多久，今天清晨六點半就被吵醒了。

停在南崎巴札，進行第一個高度適應日，今日不移動，留在這裡適應三千公尺以上的海拔。

所謂高度適應，就是在走向高處的過程裡，秉持「爬高睡低」的原則，讓身體慢慢適應高海拔。停留是為了適應，今天也不休息，要爬上海拔三八八〇公尺的Hotel Everest View（珠峰景觀酒店）去看看。那是一座日本人蓋的旅館，曾經是世界海拔最高的五星級旅館。據說是一九七三年由一位登上聖母峰的日本人所發起建立。應該是基於對這座山的一種狂熱吧！才能投注那麼多精力去完成。在網上看到有直升機將旅客從盧卡拉接送到這旅館來居住的套裝行程，旅館的每間房間都有獨立衛浴，還有供暖，這對於缺水缺電又難以保暖的健行者來說，實在是好奢侈的待遇啊！

自虐如我們，還是只能住在南崎巴札的簡陋山屋，花兩小時艱辛地健行，揮汗爬上Hotel Everest View，享受兩小時短暫的天堂。

八點半出發，一路上行，高海拔加上路陡，喘到快斷氣，走兩步停一步，滿是自暴自棄的心思：爬了那麼多天山路，居然體力反而好像下降了！其實理智上知道海拔高、空氣變得稀薄，喘是必然的，但還是累得想罵髒話。幸好天氣晴朗，美景當前，看自己步行在藍天之下、山峰環繞之中，在感動的時間裡分了一下心，否則一個以為要休息的日子，心境已鬆懈，卻還爬一座更困難的山，會爬到厭世啊……

厭世之前，突然，我看到了遠方一座熟悉形狀的凸起，在成列平寬的山脈之中，她硬是細長挺拔，奮力向天，在遼闊的天地裡，廣袤的地球上，鑽出了一個至高點，引發數百年來人類無數顆心靈的嚮往，無數條生命的獻祭，而她悠然自持，孤峰自賞。

那，便是聖母峰了。不是課本，不是國家地理雜誌，不是電影，不是傳說，是在我眼前真實存在的一座山峰。

人生第一次親眼見到的聖母峰，比想像中嬌小。或許因為整個喜馬拉雅山系的遼闊，超出了年幼時我的想像力。聖母峰最高，但她只是其一。更壯闊的，是這整片綿延的山脈，包圍著我們。

抵達 Hotel Everest View 的那刻，很像到了桃花源。山勢陡峭，一路都看不見它，到最後一程有個幾乎呈九十度的長石階，讓我爬到心都快吐出來，一度要以為所謂地獄，其實是往上走的。

就在快絕望的時候，突然間，山路豁然開展，旅館樸實又宏偉的外觀從眼前跳出來，到了！忽然領悟：這像是日本人參拜神社的概念啊！要先走一段長長的階梯，經過一段徹底靜心的旅程，最後才能帶著純淨的靈魂，抵達神明之前。

木造結構搭配厚實的岩柱，組合成外觀簡約卻有種安定感的 Hotel Everest View。沒有一般五星級旅館氣派的大門，入口只一扇不起眼的小門，但走進去就是一個溫暖的空間，柔軟的地毯舒適地開展。牆上掛滿日本人的登山照片、紀念牌，大廳的一整片巨大玻璃帷幕，將喜馬拉雅山脈盡收眼底，遠處可見隱隱探頭的聖母峰，窗外的庭院便是此地著名的「全景掃視聖母峰、洛子峰、努子峰、Ama Dablam 峰之無死角最佳觀景台」。而從外面看，玻璃帷幕上還能反射山景，盡顯設計者的巧思。

多強大的毅力，能用來在高山上蓋旅館？那一片一片的玻璃，都是直升機運上來的，每一塊木頭、岩石，也是在山上靠人力慢慢運送。我們兩手空空走到這裡已經是千辛萬苦，實在難以想像當年科技更不發達時，要多少血汗才建成這間旅館。

在整片玻璃帷幕前的餐廳坐下，正面對著無敵山景，靜靜享受這溫暖空間的如夢似幻，琢磨著該吃點什麼。爬山生活已經過了七十二小時，每日食物不外乎「荷包蛋、水煮蛋、白土司、momo（水餃）、Chapatti（印度餅）、炒麵、炒飯……」這些單調純樸的品項，偶有烤雞排一解我這無肉不歡者的饞，但料理得毫無技巧，有時還真不是普通的難吃。三天來終於有機會坐進一個像樣的餐廳，看到那豐富的西式菜單，一道道美食名稱在眼前跳躍，巴不得全部點一輪來慰勞飢渴的胃。

很快地，我的視線被一行字吸引：「Yak Beef Steak。」天啊！是牛排！而且是氂、牛、排！生長在高山上的氂牛被譽為「牛肉之冠」，高蛋白、低脂肪，營養價值據說是普通牛肉的十倍，在口腹之慾荒涼了三天之後，居然有近在眼前的牛肉，當然是毫不猶豫地給他點下去了！

爬山那麼辛苦，營養那麼重要，而且這說不定是世界海拔最高的牛排，號稱牛排達人的我，怎麼可以沒有吃過呢？

一客八百二十盧比的氂牛排其實還真小塊，目測大概四盎司，但已經很滿足。佐少量薯條、青豆、紅蘿蔔，就著眼前喜馬拉雅山脈雪白山頭的美景，享用一個三八八〇公尺高山上奢華加倍的午餐。這感覺簡直有如電影《刺激 1995》裡，一群從監獄裡放風出來、在天臺上曬太陽、喝啤酒、滿足不已的囚犯……氂牛排的口感比一般牛肉多了些韌性，聯想到氂牛艱困的生活條件所帶來的那份Q彈，嚼食的片刻，滿足感充溢。

所有攀爬的痛苦都已經不再重要，此刻，我是世界上最幸福的人。

兩小時艱辛的山路，換來一小塊美景之中的氂牛排，值得嗎？當然。這一生也許會吃到幾百幾千客牛排，那麼多流水般在我肚裡消耗掉的牛排，真正記得的有幾客呢？我想，以後與人談起我的牛排嘗鮮史，這客高山上的氂牛排，肯定是其中最美的章節之一。

吃完了靠近天堂的美食，又得回歸現實，正午時分，告別了或許此生再也不會來的 Hotel Everest View，開始往回走。一步一步下行，腳趾持續撞擊著鞋尖，痛感蔓延，彷彿要漸漸墜入深淵。

下山，從來就沒有比上山輕鬆。

下午一點半回到南崎巴札的旅館，世界仍平靜地運轉，陽光大好，而我睏得決定睡一個午覺，這一睡，兩小時。醒來的那瞬間，突然不知身在何處，想起兒時念的唐詩：「偶來松樹下，高枕石頭眠。山中無曆日，寒盡不知年。」詩作者署名「太上隱者」，此刻我的心境大約也可比這無名的隱士，並不介意就此消失在這天地之中。

Day 4: Namche Bazaar 南崎巴札 - Tengboche 湯波崎 (3867m)

坐擁無敵美景，度過無聊人生

清晨六點半被吵雜的環境音吵醒，幾無隔音的山屋裡，早上總是悉悉簌簌地有許多聲音在流竄。即將上路的人們，天未透亮便開啟了新的一天。昨夜睡前和夥伴聊著游泳，入睡後，整個夢裡都在游泳，游得筋疲力盡，睜眼又將面對一個五、六小時的健行，夜也運動、日也運動，啊，未免太累了！

今天要告別南崎巴札，上行高度四百多公尺，前往海拔三八六七公尺的 Tengboche。吃了兩天的丹木斯，手指尖微有麻感，但並不影響活動。只是感覺到身體的變化，又多帶來了一點對高海拔的恐懼。

八點十分出發，先是上坡半小時，再下坡一路走到溪谷，到了溪谷之後還要再往上，把下降的高度爬回來。這種過程其實有點像希臘神話裡的西西佛斯，不明所以地走啊走啊，爬上爬下，邊走邊罵，別無選擇，重複著宿命般的路徑……但至少，我是自己選擇的路。

第四天，好像也漸習慣了山上的生活，只是出發前糾結在心中的痛苦，時不時還是會冒出來侵襲。好一段時間都在想：為何在這裡？這又是哪裡？有時邊走邊流淚，淚水滴在山路上，一路蒸發。到後來也忘記了悲傷的理由，忘記了要療癒的是什麼，只任憑淚水清洗，一顆混濁的心。

前晚突然想傳訊息給在台北的朋友玻璃，一位如女巫般的存在，傾聽過我這幾年的混沌。在尼泊爾的大山之中常見到五色旗，我都會想起玻璃家有著類似的擺設。用手機跟玻璃描述關於那些止不住的淚水，她回了訊息：

「當眼淚湧出，不抗拒也不沈溺，不做判斷。意識著呼吸，品味妳眼淚的源頭。那麼妳會更深入並開始跨越。不要害怕或批判妳所看見的自己，更深的地方自然有更深刻的情感力量。」

我不知道能跨越什麼，也不知道更深刻的情感力量是什麼，但此刻唯一的目標，就是爬上這座山。

EBC 路上常會見到瑪尼石堆（Mani Stone），是上面刻有咒語或經文的岩石堆，有時成篇的宗教銘文甚至直接刻在山壁上，形成當地人膜拜的簡易場所。瑪尼石堆也常伴以「轉經

輪」，旅人經過時，總會虔誠地順時針轉一圈，祈求平安。

這日在爬行時，於某山崖凸出處見到一尊白色的大佛塔，碑上寫著建立於二〇〇三年，紀念澳洲人登上聖母峰的五十週年，感謝當時有貢獻的人。

健行時遇見這些地標，總會帶來一份安心，覺得自己並不孤獨。踩著前人的步伐，走一段如人飲水的路。

海拔超過三千公尺之後，空氣越來越稀薄，夥伴們的體力差距也慢慢拉大，彼此相距越來越遠，孤獨之中，健行益發成為一種自我內心探尋的反覆。

走到溪谷，經過吊橋，遇到夥伴中一個瘦瘦的男生阿凱，正在路邊狂吐：高山症發作了。阿凱平時運動頻率並不低，體力也不差，沒想到還是躲不過高山症的侵襲。這個奇妙的生理反應並不專攻擊所謂身體孱弱的人，有的人運動習慣良好，卻因為肺活量太大，反而容易中標，原因是他們每一次呼吸會需要比常人還要多的氧氣，一旦空氣稀薄，就容易缺氧了。

阿凱吐了一陣，在山壁旁輕輕喘著氣，回神之後示意我可以先走，不用管他。我有點不放心，跟在他後面走了一陣。

而今早，我的左眼也莫名長出針眼。難道在這山裡，還能看了什麼不該看的？針眼附著身體，隨行不散，像鬱結的青苔，固執得很。好不容易走到中午，午餐迎來一碗難吃的湯麵（大約就是比洗澡水還溫的水泡著幾根硬麵條，別無其他），配一顆水煮蛋，饑寒交迫，眼睛痛堆疊著腳痛，還無預警地想念起昨天的牛排，徒增當下的痛苦。

三點零五分抵達海拔三八六〇公尺的Tengboche（湯波崎）。經過一天休養生息，大家的腳力似乎進步了，難得有一天準時抵達目的地。據說聖母峰最早的登頂者之一、雪巴人丹增諾蓋（Tenzing Norgay, 1914-1986）就出生在湯波崎。他在一九五三年登頂成功，冥王星上還有一座山脈「諾蓋山」以他的名字來命名。早期登山技術沒有現在進步，在那時攀登聖母峰肯定比現在艱難得多，前人的毅力指引我們來到現在。

這裡有一座信奉藏傳佛教的湯波崎寺，我進去看喇嘛念經，心平靜下來。人生第一次除了電影之外，那麼近看到「喇嘛」，想起這個名詞的啟蒙是在金庸小說，那些鳩摩智、金輪法王，簡直到了呼風喚雨的境地，宗教與武學博大精深，是不是眼前這些喇嘛之中，也藏有武功高強的高人？

離開寺廟，散步到附近幾家小店，其中一家的屋頂上用油漆寫著大大的「Bakery」（麵包店），空間簡約，卻充滿現代感，說是走進台北東區巷弄的某家小店也不違和。店裡賣好吃的麵包、小餅乾、咖啡。搶最後一點陽光，買了些麵包餅乾，配一杯咖啡，在店裡坐坐，與夥伴聊天，偷得一個下午茶的時光。

這是世界角落裡不變的日常。城市裡喝咖啡，來到雪山裡也喝咖啡，窗外景色大不同，可我們的生活，還是生活。

太陽一下山，氣溫明顯遽降。實在太冷，已經沒辦法洗澡了，並且我開始憂愁半夜怎麼起來上廁所。那種必須從溫暖被窩裡爬出來，迎向刺骨低溫的掙扎，真是難以言喻的痛苦。要憋尿到天亮？還是承受寒凍去解放？整夜輾轉為此，那大抵也像是人生中許多兩難的選擇。

夜裡寫日記，寫完一支原子筆水，擔心剩下的另一支撐不完下山。

走路與書寫，已經成了我這些山裡的日子的全部。

每個人的身體裡　都有兩個自己
一個在表面堅強　一個躲在心底
如果時間夠長了　就能看清晰
我不會放棄　哪天簡單的愛　能創造奇蹟

Day 5: Tengboche 湯波崎 - Dingboche 丁伯崎 (4260m)

如果現在放棄，比賽就結束了

二〇一七年四月，兩位從台灣到尼泊爾登山的青年梁聖岳和劉宸君，遇到大雪，被困在山洞裡四十七天之後，梁聖岳獲救，劉宸君不治。有人問歷劫歸來、體重剩下三十公斤的梁聖岳，重來一次，還會登山嗎？據說他毫不猶豫地回答：會，而且會帶著女友前來，因為「那是她喜歡的事情。」

為了一件喜歡的事情，可以堅持多久，該堅持多久？

出發前我最擔心的事情，終於發生了。

這晚，在海拔四千多公尺高的丁伯崎（Dingboche），深黑的夜幕席捲山屋，近零度低溫鑽刺皮膚，全身毛孔都像被細針挑起來，拉得緊緊地像隨時要崩斷。我的雙腿僵硬、膝蓋劇痛著，整個人蜷縮在已難以顧及髒污的睡袋裡，臥躺於冰冷陌生的硬石床上，想著無法繼續，想著這會是哪一部低成本電影的結局：一個從沒爬過一千公尺以上高山、卻失心瘋想走上超過五千公尺高的喜馬拉雅山脈的女生，自以為要寫下什麼驚為天人的勵志故事，結果中途廢了腳，宣告挑戰失敗。當一趟要花三萬美元的直升機降落在停機坪，將她抬下山前，她淚灑聖母峰的山腳……

我想著這結局，最終大約只能換來零星觀眾的訕笑，電影不僅連院線都排不上，數位平台可能也沒人要，人們偶然從網路上下載到畫質粗糙的盜版版本，在颱風天配著泡麵、漫不經心地看完。

從小不是一直喜歡閱讀偉人傳記嗎？傳記裡都是成功的故事，我的人生怎能成為這失敗電影的主角呢？

這是 EBC 健行的第五天。清晨從 Tengboche 出發，繼續上行，就著眼前千篇一律的景色，身體裡堆積的疲累感不知何時已燒光出發時的熱情，低潮無預警地乘隙而入，心情沒來由的悶，極度厭世，腳步千斤重，一千一萬個不想走，也不想講話，孤僻魂上身，怕被隊友

干擾，於是就儘量在隊伍裡落單。

可這一落單，開始什麼都不對勁了。左右兩腳的膝蓋外側劇痛，每踏下一步都是由膝而上、貫穿心臟的痛楚。勉力走了一個多小時之後，痛感快速擴張，左膝已很難彎曲，一彎就痛到彷彿全身都要散掉，無論做什麼拉筋、伸展，都毫無幫助，一步痛一步，每走一步都用了全部力氣，都像是被人用鐵錘狂敲一次膝蓋。

才走了第一個小時，我不敢想路途還有多遠，只能眼望地下，一拐一拐走，用相對比較不痛的右膝來前進，拖著僵直的左腿。

該怎麼辦？我唯一能依靠的雙腿，廢了。一路拖著步伐，感覺每一步都像用盡最後一絲力氣，巨大的恐懼一波波掩過來，鋪天蓋地。我一個人，如果走不下去，在這幾千公尺的高山上，離家數百哩，該怎麼辦？該怎麼辦？

胡思亂想的徬徨間，隊友們一一跟了上來，發現了我的狀況。他們聚集在一起，商量對策。

我帶的登山杖只有一根，小麗毫不猶豫地把她的兩根遞給我一根，說：「兩根比較好支撐。」

小蔡脫下她的護膝交給我，說她沒關係，先把我的腳養好再說。

阿凱已經不吐了，除了頭有點暈，他說我的肌肉緊，有可能是體內電解質不平衡，所以就幫我泡了一大壺寶礦力。

阿秋找出所有手邊可能有用的止痛藥、肌肉鬆弛劑，妮可教我拉筋的方式，懷疑是ITBS（註）的問題。當時我並不明白那是一種膝蓋長期摩擦之後常見的傷，是要到後來投入馬拉松運動之後，才漸懂得。

從來沒有習慣麻煩別人，遇到任何難題的人生，都是自己解決。此時，我也以為會一個人面對這突如其來的災難，會一個人倒下或投降，萬萬沒有想到，這些剛認識不到一星期的夥伴們，用無條件的溫暖將我包覆，前路漫漫之際，卻每個人都給了我他們身上在健行中最重要的東西。

這些溫暖，帶來了無形的力量，讓我感到自己並不孤獨。懷著感恩，吃了藥，拉了筋，包好護膝，撐起兩支登山杖，喝掉一壺寶礦力，繼續上路。

持續著時好時壞的痛楚，但跟著周圍的所有支撐，心重新被注入了勇氣。我想：至少

在這段路不能拖累大家，至少我要好好結束今天。就這樣，咬著牙，走到今日的終點Dingboche。

晚餐後，獨自回房躺在床上，高海拔的缺氧使我感到暈眩，雙腳像根棍子般僵直而動彈不得，聽外面傳來人們的談笑，想劇情怎麼會這麼急轉直下？昨天在抱怨辛苦之餘，起碼還能走，現在連能不能站直都是問題。然而，已經五天了，眼看只要再撐三天，就到山頂了。難道要在這裡停下來嗎？身體的痛楚襲擊著我的意志，出發前向著父母信誓旦旦的笑容，臉書上意氣風發的宣言，那無數的讚與加油打氣的留言，此刻在腦中漸漸褪色而轉為一個嘲諷。

我耳邊糾結著兩種聲音：放棄，不甘心。

放棄是解脫，雙腳得以安歇，從此不用再經歷那些走不完的台階，看不見盡頭的山坡，也不用再爬得一口氣提不上來、整顆心揪得感覺血管快斷了時，還得承受兩條腿筋曲折拉扯的劇痛。更不用再持續那些內心裡無盡的自我懷疑：為什麼我會在這裡，為什麼我要折磨自己，為什麼山路好像都走不完，為什麼為什麼為什麼……

放棄吧，就不會再有那些為什麼，就能好好睡一覺，看書寫字吃飯仰望群山，躺在這床上靜待隊友回程下山就好。

放棄，就能終止一切痛苦，回到舒適圈，多好。

放棄吧，放棄！這聲音拽著我，幾乎就決定要跳下床，把這個想法告訴領隊的魚大和阿秋。

可是，另一個執拗的我，不甘心啊！

不是應該要寫勵志故事嗎？「文武雙全，征服EBC的作詞人」的勵志故事啊！怎麼到頭來會變成一場鬧劇收尾？

想像著夥伴們經歷千辛萬苦，終於流著淚登上飄雪的聖母峰基地營，寒風中，在石碑旁插上國旗，然後拍下那張留存一生、流傳給後世子孫的照片裡，沒有我。

想像著夥伴們夜夜在爬山的筋疲力盡之後，於山屋裡群聚聊天，共享一餐歷劫歸來的幸福，那溫暖的情境裡，沒有我。

想像著幾年後，夥伴們在臉書上回顧這段日子，回顧那些一起走過的影像，在他們滿滿的由艱苦轉為甘甜的回憶中，獨缺一個我。噢，有我，只是我將在他們記憶中成為永恆的「那位中途停止、沒走完的人」。

而也許比起這些，我更不安的，是下山以後繼續延伸的未來人生裡，自己都將用怎樣的遺憾來回顧這個放棄。往後每當想起這段 EBC 之行，記憶裡都將只有五日爬行之後的鎩羽而歸，只有獨坐山屋的悵然，看那大山的角度，也與以往並無不同。而這種遺憾，再也彌補不了，即使是未來有機會再上山，也已人事全非。

我已非當時的我，而當時那個停下腳步、半途而廢的我，永遠在記憶中駐紮了。

天人交戰。「如果現在放棄，比賽就結束了。」從小看的熱血漫畫《灌籃高手》裡，胖胖的安西教練言猶在耳，可前路茫茫，腳上的劇痛沒有半點消減，明天，我真的走得下去嗎？

四千多公尺的高山上，每一口呼吸都快要窒息，往前走也不是，後退也不是，要求救都不知道能找誰，在侵蝕進五臟六腑的低溫中流下眼淚，這是我人生最無助的時刻之一。

室友妮可拿了冰袋進來，幫我綁在膝蓋上冰敷，然後拿出一小瓶類似萬金油的東西，為我抹上額頭。她說，好好睡一覺，明天會好的。

這是一場和自己的比賽。在過去的人生經驗裡，每一次這樣的比賽，我都臨陣脫逃，一走了之。反正放棄，總是最容易的。何況這場比賽，沒有遊戲規則，沒人拿槍抵著我比下去，想怎樣，都百分之一百是自己的決定。

躺在床上胡思亂想，忘記是怎麼睡著的，只記得睡前下的決定是：「放棄吧！不要勉強了。如果因為我的傷而拖累大家，不是更不好嗎？」以這樣的體貼作結，當一個不麻煩別人的人。

事實上，我根本分不清楚這是藉口還是為別人著想，但真的太苦了，明天醒來，我無論如何不想再走了。

註：髂脛束症候群（Iliotibial Band Syndrome，簡稱 ITBS）。髂脛束是連接股骨外上髁（大腿）和邊脛骨（小腿）之間的韌帶，又長又粗，隨著膝蓋彎曲、伸直的運動被往前、往後拉扯。當膝蓋反覆運動，髂脛束與股骨外上髁不斷摩擦，發炎而產生疼痛現象，即為 ITBS。簡而言之，ITBS 是由髂脛束反覆穿過股骨外上髁所產生的傷害。

Day 6: Dingboche 丁伯崎 (4260m) 高度適應

聖母峰馬拉松

一場昏睡，彷彿過了一世紀，一世紀的天人交戰。清晨六點，在冰冷的空氣中醒來，太陽如常升起，又是山上的一個大好晴天。

咦，腳不痛了。完全不痛了。我下床走了幾步，順順的，這雙腿完全屬於我。昨日的所有痛苦掙扎都像是場惡夢，在光天化日之下，消散無蹤。

睡著之前，在萬念俱灰中下定決心：不再走了。打算就停在這裡，等夥伴下山。還說服自己：身體要好好保養，不可勉強。然而現在睡飽醒來，不痛了，健步如常，我又陷入了猶豫……其實不只腳傷，也好想念台灣的朋友，想念鹹酥雞和滷肉飯，想念我的小窩。而且現在好了，不代表上路之後不再出毛病；是不是維持原案，停在這裡就好呢？

放棄容易，繼續才需要勇氣。我已沒有勇氣，也想不出前進的理由。然而，看夥伴們一個一個收拾好行裝，背上背包，準備上路。他們的笑漾在背景是覆雪大山的圖像裡，將要迎向充滿鬥志的一天，那一刻，我又突然自慚形穢，好想走進那圖像之中啊。

阿秋來關心我的腳傷，我說沒事了，她問我要休息嗎？我抬頭看她如常純淨的雙眼，說：「我去拿背包，我要上路。」這回應完全沒有經過大腦，但，管他的。或許不經過大腦的決定，才是身體真正想要的決定。

繼續上路。加入夥伴的行列，一股莫名的趨力又在體內燃起：我要向前走，登上聖母峰基地營。

我們在 Dingboche 多停留一日，做高度適應。今天必須爬到住宿旁的山坡上，一個插白旗處，四七五〇公尺。腳力如常，只是心中帶著痛楚復發的恐懼，恐懼其實無用，我努力甩脫它。路上看到一些喇嘛在山的稜線上行走，光禿禿的山岩中，點綴著他們的修道屋。簡陋的水泥山屋，在滿是石礫的山上矗立，四周什麼都沒有。無處擋風，無處躲雨。單這光景，就能感覺到生活的艱辛。幾座佛塔散佈著，五色旗飄在風中。

這海拔高度，早已沒什麼植被，除了短短的雜草之外，就是光禿禿的石礫路。周圍被雪山環抱，抬頭是萬里無雲的藍天，世界彷彿只剩下天與地，與一步一喘的零星人們，別無其他。

途中遇到一位戴墨鏡的雪巴人，身上穿著印有第十屆「Everest Marathon」聖母峰馬拉松的T恤，看他黝黑的皮膚與精實的身材，我不懷疑他跑完了這場世界海拔最高的馬拉松。

創立於二〇〇三年，聖母峰馬拉松是為了紀念首次攀登上聖母峰的尼泊爾人丹增諾蓋和紐西蘭人 Edmund Percival Hillary（在紐西蘭五元鈔票上可以看到他的肖像）登頂五十週年而設立。他們在一九五三年五月二十九日完成了站在世界之巔的壯舉，因此馬拉松的日期也訂在每年五月二十九日。

當第一次聽到聖母峰上也能跑馬拉松時，我瞠目結舌。氧氣稀薄、路面顛簸、高原反應隨時無預警來侵襲，每一寸路我都舉步維艱、呼吸困難，是要如何「跑馬拉松」？這一路上，我們的行李都是由雪巴人幫忙揹運，流傳著許多關於他們「呼吸系統與平地人不同」的傳說，因此也不意外，每年聖母峰馬拉松的奪冠者，都是雪巴人。只是依然太難想像，在這世界之巔「奔跑」的光景。

這場馬拉松的參賽選手，要先花十多天從盧卡拉步行上聖母峰基地營（就跟我們這次健行的行程一樣），接著才以 EBC 為起點，往下跑到南崎巴札是為全馬，跑到此刻我們所在的 Dingboche，則是半馬。

上山已經夠累了，還要用競賽的方式跑下山，歷經起起伏伏超過七千公尺的海拔高度，這過程，該比我這緩慢的健行路途，艱辛十倍吧。我這樣想。那麼昨天一日的小小ITBS發作，又算得了什麼呢?想起陳彥博跑超馬的紀錄片，他那些裂開的肌膚、面色蒼白仍屹立不搖的決心，我又再度激勵了自己。

聽說來跑聖母峰馬拉松的人，多數不是為了競賽，而是追求一個完成自我的目標。是啊，在這連呼吸都困難的環境裡，跟誰爭強鬥勝都已經失去意義，唯一能去的地方，只有突破自我。自我是每個人生命中最高的山，沒有確切的高度數值，沒有登頂的時間表，也無人同行。

登山者沒有不孤獨的。可也只有孤獨，能帶我們穿透生命的本質。

Day 7: Dingboche 丁伯崎 - Lobuche 羅布崎 (4930m)

回憶之丘

歷經了腳傷、自我掙扎無數回，今早再次上路，一切都跟沒發生過一樣，繼續健行的日常。

就像山裡的天候，總是在早晨風和日麗，到下午風雲變色，晚上又風清月明，快速地變換著。那麼即使是最惡劣的天候，也來得快、去得快，一咬牙就過了。晴天、雨天，我們持續著前行。

離開Dingboche，繼續往五千公尺高度邁進。今天身體的問題已經不在腳，而在頭。我頭痛。那不是什麼偏頭痛，沒有偏，而是整個頭的任何角落都劇烈地發脹，脹到像是隨時會爆炸。頭痛使我昏沉、恍惚、反胃、疲憊，看出去的世界模糊起來，連站都快要站不直的那種痛楚，蠻橫地包覆我的感官。

帶著頭痛與高海拔的喘息，前行。

是因為頭痛而無法顧及腳，還是因為腳痛真的已經不再，我也無法判斷。

來了，終於來了，這就是傳說中的高原反應？我警覺地意識到了。但除了往前走，此時沒有別的可能。

中途經過一片紀念碑，紀念因挑戰聖母峰而死去的人們。掛著五色旗的石碑，座落在狂風之中，多年來看盡風吹日曬雨淋雪降，愛山的人，永遠在此安息。是否這就算是求仁得仁？

在烈日與大風伴隨著頭痛之中，我穿梭著看幾個碑上的名字，想他們生前的模樣，也想著關於「死得其所」的事。將軍死在戰場，表演者死在舞台，愛山的人死在山上，那愛文字的人如我呢？死在家中的電腦前？死時螢幕上還閃動著 word 檔游標，那畫面比較像是兇殺案現場，怎麼想都不是很浪漫啊⋯⋯

美國登山家、外號「救援先生」的 Scott Fischer 的紀念碑矗立在此，上面寫著一九九六年五月十日。一九九六年那天發生了聖母峰登山史上最慘烈的山難事故之一，帶走十五條登山者的生命。

那次同時間，也有中華民國聖母峰遠征隊的兩名台灣隊員一起登頂，其中陳玉男不幸遇難。據說唯一登頂的高銘和，在登頂後因為裝備問題，已無力下山，獨自在零下六十度的大風雪中等待救援，躺在他旁邊的就是 Scott Fischer。隔天當雪巴人前來救援時，Fischer 已無

生命跡象，多穿了很多衣服的高銘和渡過了九死一生的一夜。他是該次所有登山者中，在最高海拔的唯一生還者。

還沒走到 EBC，我已經常在累得半死時感到生無可戀，爬聖母峰又是另一個層次。想必也是更痛苦的層次。

「為什麼要爬聖母峰？」我腦中不自覺響起這句話。

"Because it's there."（因為它就在那裡。）一九二四年在嘗試攀登聖母峰時喪生的英國探險家 George Mallory 回答過這個問題。

但那不是我的答案。我的答案沒什麼哲學性，不值得成為勵志箴言，只不過是因為，停不下來。

離開回憶之丘，死者已逝，生者必須繼續奮鬥，帶著前人的精神，持續探索未知。這是人類進步的原動力。

午後將近兩點抵達 Lobuche，五千公尺海拔的高度里程碑，近在咫尺。

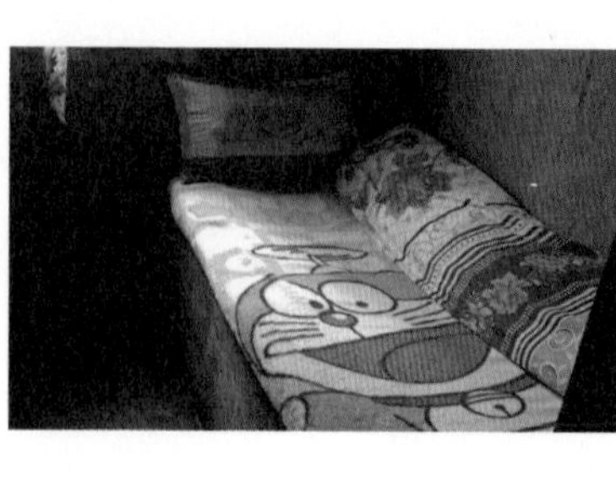

進旅店時我已頭痛到瀕臨神智不清。靠著僅存的意志力，隱約聽阿秋分好了房間，我開門進房，觸目即見一張鋪了小叮噹毛巾床單的木床，那片刻有魔幻感：怎麼小叮噹會出現在這裡？再也顧不得其他，把背包一丟，脫下厚厚的登山外套，倒頭就睡。睡前看了一下時間，13:40。

中間醒來兩三次，吞普拿疼，繼續睡得不醒人事。在極少數清醒的時刻裡，祈禱：明天一定要恢復精力，我要上EBC，絕不能倒下起不來！

又回到了幾天前腳傷時的內心交戰，失敗的恐懼佔滿了我整個靈魂。只是這一次，離終點只剩下一天，我沒有放棄的選項，只能不斷祈禱這單薄的身軀能撐得下去。

在大自然的力量之前，我們脆弱、渺小、無助、不堪一擊，連祈禱都像是螳臂擋車。

半夜一點醒來時，頭不痛了，神清氣爽，脫胎換骨。繼續睡到六點，完成十六小時的昏睡，完成了身體的適應。我知道這算是撐過了高原反應，變身了，能走了！感謝上天給我足夠堅強的身體，感謝我的身體始終那麼堅韌，在這山裡度過每一次危機。

Day 8: Lobuche 羅布崎 - Gorakshep 高樂雪 (5164m) - EBC

沒有遺書的告別

要走上聖母峰基地營，需要花點時間跟體力，但這條已發展得非常成熟的健行路線，也稱不上是什麼玩命之路。雖然高原反應、酷寒的天候、簡陋的住處與飲食，都讓習慣文明生活的人感到刻苦，但沿途的生活必備品一應充足，基本上還是可以生活得不錯，辛苦也不過十多天的事，多數人不需要經過太嚴苛的訓練，也能順利完成這段路程。

旅伴們一路嘻嘻哈哈，儘管看過了前人功敗垂成的登頂紀念碑，也只感到些微惆悵，離切身之痛甚遠。畢竟我們只是步行上到基地營，並沒有要攀登聖母峰，這種容易獲得成就感的小挑戰，要說是個愉快的過程也不為過。

一直要到今日，在往 EBC 最高點的步行途中，目睹一位雪巴人揹伕的死亡，才讓我意識到這是個多危險的高海拔地區。見到他的身體倒在山岩上的畫面，那一刻突有巨大的恐懼與悲傷，襲向我。

這是非常接近天堂的地方，其實，也可能非常接近死亡。

揹伕約六十來歲，在工作時心臟衰竭，來不及急救，就停止了呼吸。為什麼這樣的年紀，還要從事這麼辛苦的工作？我在心中這樣問，卻也知道這問題可比「何不食肉糜？」為了生活，哪有選擇？

幾個人圍著那再也無法動彈的身軀，嚮導說，他們在準備將他背下山。而我們的步伐也沒有停下來，只是路過，側頭看了幾眼，繼續往前。「這種事常發生嗎？」我問。嚮導說沒有，只是年紀真的稍大，那位阿伯，村裡的人都認識，他為了生計，沒辦法。

一個人類生命的消逝，一場沒有遺書的告別，世界每天各地都在上演。只是沒想到，在這五千公尺海拔高的地方，我親眼目睹了。

接下來的路途，大家好像比較沈默了些。度過了高原反應之後的我，精神還算不錯，早餐吃了三顆荷包蛋，在這裡已是莫大的幸福。穿著厚重的 GORE-TEX 外套前行，頭戴加德滿都市區買的毛線帽，還是一直覺得很冷，因步行而流出的汗水，都是冰涼的，流在肌膚上，侵蝕著體溫，滿是寒意。

冷，但一路壯麗的風景，也是此生從所未見。像月球表面，像火星，像夢境。「試登山嶽高，方見草木微。」雪山就在眼前，覆雪的山頭連接著天空中的白雲，雪白與雲白，沒有界線。

除了少許短短枯草，此時幾乎看不到植物，沒有任何綠意，只剩下藍天、雲、白雪、和灰褐色的石子路。偶然經過有水之地，那是雪山的融冰，匯流成水流。

十點前我們抵達五一六四公尺高的 Gorakshep，這是今晚的住宿地。在此稍作休息，午餐是一個對於這趟路程來說過於奢侈的鮪魚三明治，準備攻頂。

吃飽，安心上路，十一點半出發，前進 EBC 的終點！

沒完沒了的石子路，沿著「坤布冰川」邊緣，遠望 EBC，艱辛地一步接著一步，奮力靠近。過了中午之後，陽光就會漸漸隱沒，溫度快速下降，越來越冷，風越來越大，步伐也越來越艱難。天空藍得沒有雜質，冷空氣純淨無暇，有些山路的轉彎處，我好像伸手就可以碰觸到氤氳的白雲。這就是傳說中的天堂嗎？

而原來，離天堂很近的地方，也並不是那麼溫馨宜人。這裡大地荒蕪，綠草不生，寒風刺骨，空氣中的含氧量只有海平面的一半，呼吸比平地費力，也因此清楚地意識到「呼吸」的存在，那是努力想要活著的聲音。氣壓低、心跳急促、頭痛、虛弱。

越走越厭世。單調的路途，漫長得像是沒有盡頭，又冷又喘，腦袋空白，不知所謂。身體與心理都在痛苦之中磨折，像是怎麼走都到不了終點，越走越是枯燥、越走越是絕望……

而就在覺得已經很糟的時候，竟然還可以更糟：開始起霧，什麼都看不見，只剩下腳前一步內的視線。接著，開始飄雪，已經足夠單調的大地，化成了一片白茫茫……

但，只有往前走的念頭。這是最後一段路了。

最。後。一。段。了。

終點不是最終的點

這一路上許多痛苦的時刻，我在腦中描摹過無數次，登頂那一刻會有多歡愉。

畢竟，在快走不下去時的所有天人交戰，那些對自己的精神喊話，那些對痛楚忍無可忍、依然繼續忍下去的堅持，都是為了最後能踏上 EBC 健行路線的終點。

我想像著自己會像看過的電影那樣，站在世界之巔，天寬地闊，雙手高舉，以一種勝利之姿，擁抱成功。

我想像著我將完成一個重大的人生里程碑，將在身上刻下一個光榮的印記，從此成為一個不一樣的人。

我想像著我會非常快樂，非常滿足，好像生命中再沒其他更重要的事了。

我想像著許多想像，靠著它們支撐著，往前走下去。

終點之前，大雪紛飛，迷濛了眼睛，整個世界陰暗，視線不清。氣喘吁吁之中，提著一口氣踏上終點那片登山基地營的最後一步，我看到了一個小石堆，貼著一張亮面大海報，上面用印刷的粗黑字體寫著：「EVEREST BASE CAMP 5364m」。海報上被人用筆寫滿了字，簽滿了名。

一片荒蕪之地，一個掛滿五色旗的小石堆，這就是 EBC 健行路線的終點（註）。

抵達的那一刻，短暫地胸中有熱血上湧，有淚泛出眼眶，但很快也分不出是雪水還是淚水，一伸手便擦掉了。

「啊啊啊啊！終於到了！」心中的吶喊剛結束，身邊的團友就爭相跟小石堆拍照，接著拿出一大面青天白日滿地紅國旗，呼喊著合照。我沒有太多時間感動，匆忙地跟著人群從事這些活動，攝氏零度，又是雪又是霧，一群在五千多公尺高山上狂喜的人們……這應該也不啻為一種浪漫。

感動、拍照、興奮得亂叫，在這健行路的終點，做完這些事情，不到半小時。怕變天，又立刻被催促著匆匆地踏上了回程。

終點就只是一個點，但不是最終的點。花兩小時走上去，停留二十分鐘，再花兩小時走回Gorakshep。傍晚近四點，一回到旅店，就開始下起大雪。若再晚一點，我們的回程便會增加十倍的艱難。算是老天幫忙，好天氣隨著我們完成目標才離開。

夥伴們在國旗上簽名，喝麻油雞湯，這裡竟然可以喝到麻油雞湯，難忘的一碗雞湯。

註：其實 EBC 是一大片平台，是登山前做準備的基地營，在攀登聖母峰的季節裡，會搭滿準備挑戰聖母峰的登山者的帳篷。但因爲我們抵達時，大雪又大霧，能見度極低，也並非登聖母峰的季節（通常在五月），我只看到了一個貼著海報的小土堆。那便是我記憶中的終點 EBC。

Day 9: Gorakshep 高樂雪 - Kala Patthar 卡拉帕塔 (5545m) - Pangboche 潘波崎 (3950m)

"It's not the mountain we conquer, but ourselves."
(我們征服的不是山，而是自我)
——Edmund Hillary, New Zealand mountaineer

達陣了，然後呢？

登上 EBC 之後的夜晚，睡了一個好覺。也終於可以晚一點起床（超過八點）。早餐有法國吐司、牛奶，我還吃了兩顆荷包蛋，三顆水煮蛋，一共五顆蛋。在物資缺乏的地區，蛋是永遠的好朋友。

5364 m.

完成了。過去的每天都在奮力對抗身體與環境的各種狀況，感覺過了好幾個月，現在想想，也不過八天。在城市的忙碌生活裡，有無數這樣的一星期，眨眼即過。

突然很想好好地看看自己現在的樣子，看看一個爬上過 EBC 的人，有沒有什麼不一樣。但山上其實連一面鏡子都難找到，反正每天穿的衣服都差不多，也不必煩惱裝扮。

近九點出發，下山。大霧，濕冷，天候持續惡劣，時有冰雹、碎雪飄落，沾濕了鏡片。但在我們登頂完成之後才變天，已十分感恩。今天全身都有麻麻的感覺，多半是登山藥的副作用。每日一顆的丹木斯，共吃了十三顆，今天應該是最後一顆了。

開始下行，從五千多公尺的海拔高度，一路急降，像是在追逐氧氣，以一個近似急行軍的速度。

中途頭又痛起來，吞下此行第三顆普拿疼。午餐喝了小碗的泡麵湯，再上路時，精力漸恢復。一路下坡，行走暢快。越來越多的氧氣，呼吸越來越飽滿，心情越來越好。在海拔四三〇〇公尺左右，開始出現了綠色植物。眼壓被解放了，綠色真好。

上山走過的路途，再不留戀什麼。不到四點就抵達了今天的歇息地，一日下降了一二〇〇公尺。沒那麼冷了。

夜裡在山屋泡日清杯麵，搭配乾硬的漢堡排，粗茶淡飯已經九天，開始對山上的飲食感到不耐。奇怪上山時什麼都能甘之如飴，再差的生活機能也是吃苦當吃補；一旦目標完成之後，就滿腦子只想回到舒適的生活……

原來，一旦失去目標，一切都變得難以忍受。如果說爬山累得跟狗一樣，其實誤會大了……狗也沒這麼累吧！

達陣了，然後呢？沒有然後，世界如常運轉。只是自己走上來了，還得自己走回去。

「上山容易，下山難。」一九九六年在聖母峰發生的山難中，多數人是在登頂之後，下山的途中遇難。他們成功地爬上世界第一高峰，達成了人類難得的成就，卻錯過了暴風雪來襲前下山的時間點，最後沒能平安回家。

人生也是一樣。走上了頂峰的人，如何優雅地下山，全身而退，是困難度不亞於上山的課題。

Day 10: Pangboche 潘波崎 - Namche Bazaar 南崎巴札 (3440m)

好的事情

用了八天上山，同樣的路途，下山要在三天內走完。今天又是一段上上下下、長長的路。

太陽終於出來了，冰天雪地不再，雪山又漸漸遠到了像是一張明信片，而健行又回到了郊遊般的輕鬆光景。

艱辛地爬了那麼長的時間，已經對雪山有了莫名的情感，想到剩下兩天就要離開它，而且或許此生不會再見，有點不捨。

今天路程雖長，但大致好走，一邊走著，開始有餘裕回顧這段健行時間的心情。出發前在台北的我，是帶著一些對現狀的不滿吧。覺得工作與感情都糟透了，人生像是堵塞的排水管，快要發爛發臭，不知出口在何方，才會選擇一次自己從來沒做過的、走上五千公尺高的長途健行，企圖用對肉體的折磨，來改變些什麼。

那現在，在 EBC 上拍完照片，改變了嗎？我問自己。

現狀依然無法改變，但我突然明白改變的是什麼了：是清楚地知道我改變不了別人，但可以改變自己。

該放下就放下，糾結無益，前進是金。

幾個在山屋裡入睡前的夜晚，凍結的冷空氣中，跟室友妮可聊天，交換彼此的故事。她正在一段不知該不該結束的感情之中，我正在一個不知道該不該繼續的糾結之中。運動健將的她，白天總是帶著燦爛的甜笑，領頭飛奔在山道上，好像一切都可以不縈於懷；然而每晚於清澈的星空下，回到內心的獨白，我總聽見她善感的那一面。

這些離群索居的夜晚，所剩無幾。回到平地之後，得面對現實，面對懸而待決的人生課題。這夜妮可說她有了決定。她要把一首歌送給男友，做最後的道別。山屋寂靜，她用手機播歌，我才想起這段時間都沒有聽音樂。並不是每間山屋都能充電，而即使有，也是少少的幾個插座，幾十人輪流用，充電速度也慢，所以用電必須節省。我自然而然把山裡的各種聲音當作音樂了。

妮可播出來的歌，是我跟嚴爵合寫的〈好的事情〉。

當時寫這首歌詞時，我也想到了旅途。健行是一段旅途，感情是一段旅途，人生更是一段旅途。旅途中我們總是不斷地在學習放下，練習告別。但只要曾經有過，都是好的事情。
無論結果如何，至少都會為彼此祝福。

休息是爲了走更長的路
你就是我的旅途
都是因爲你　我一直漫步

想要跟你一起走到最後
但我遺失了地圖
誰給誰束縛　誰比誰辛苦
愛到深處才會領悟

好的事情　最後雖然結束
感動十分　就有十分滿足
謝謝你　是你陪我走過那些路
痛　是以後無法再給你幸福

好的事情　也許能夠重複
感動時分　就算紛紛模糊
不要哭　至少你和我記得很清楚
愛　是爲彼此祝福

Day 11: Namche Bazaar 南崎巴扎 – Lukla 盧卡拉 (2845m)

有些事這輩子不做，下輩子也不一定會做了

最後一天。前晚沒睡好，且無預警地感冒了，喉嚨痛，微微發燒。已經在相對舒適的海拔高度，身體的各種狀況卻慢慢地浮現，像是用盡最後一分力之後在催促我：該休息了。

趕路。一路跟著腳程最快的小高前行，把其他隊友都甩在後面。今天只想默默地一個人走，不想停留，不想聊天，繫緊了背上的行囊，倒提登山杖，跨步急驅，像是在荒野中趕路的劍客，獨自流浪這最後一段十八公里的山路。

顛簸的石子路，總在牛羊馬群經過時，揚起漫天沙塵。我在沙塵中前行，山路上上下下，兩腿疲憊不堪。乘著晨霧，披著午後的陽光，單調的石子路已經走了十一天，走得無話可說，走得磨光了耐性，走得不知為何而走，卻好像永遠走不到結束。

每日六七小時行走，我的兩腳一共生了五個水泡，在大拇指跟小指頭外側腫脹、摩擦，水泡有的破裂，每碰到一次都是一陣刺痛鑽心。這最後一段路的顛簸疾行，更是痛不欲生。我用 OK 繃把指頭包起來，儘量減少摩擦，繼續走。六小時走完之後，脫下襪子，腳趾已

經腫了兩倍大。

午後三點半，回到出發地點 Lukla，算是正式結束了我的 EBC 健行。

一抵達，就下起了大雨。

晚餐是犛牛排，令人感動的肉味，豐厚地散在口中……這段路，終於結束了。

沒有熱水洗澡的日子，再見了！
沒有電的日子，再見了！
網路慢到吐血的日子，再見了！
夜裡凍到睡不著、鼻子僵硬的日子，再見了！
每餐都吃一樣食物的日子，再見了！
天天穿一樣衣服的日子，再見了！
天天走六小時石子路到腿軟的日子，再見了！
跟高原反應對抗的日子，再見了！
十一天在山裡，好久啊⋯
爬山好漫長啊……

但忘不了的是每天清晨開窗，迎來眼前的大片雪山。
以為走不完，一步一步向前，就都走完了。

以為不會交到什麼朋友，卻每個都會記得彼此。
以為找不到答案，最後驀然發現自己的心澄澈了。

生命裡曾有這樣的十一天，專注踩在群山的懷抱裡，體驗自己的極限。難以忘懷。
那個茫然的午夜，按下這趟走進喜馬拉雅山系的旅程的鍵，是我人生最重要的決定之一。

有些事這輩子不做，下輩子也不一定會做了。
有些人這輩子愛過，下輩子真的就別再愛了。

經過了痛苦的痛快的　我是清醒的
下一段路途每一步心安理得
經過了最好的最壞的　我都會記得
明天　不強求

經過了難過的難得的　我大步走了
再多的不捨　最後都要過期的
經過了無解的無邪的　我不回頭了
遺忘　是因爲深刻

Tengboche.(3860m).

EVEREST VIEW 3,880 m

來到海拔3860m，吃了兩天高山症的藥，頭無痛的狀況，除了手麻，沒太多不適。每天盡情享受著晴天，氣喘如牛，大山的無價美景，自由無牽掛的心情。有得必有失的人生，只要踏穩自己的步伐，專注自己擁有的，有什麼好不開心的？做好工作室，做好案子，認真推歌，該來的會來，得不到的不強求。　昨天(10/6)爬上 Everest View Hotel，看到日本人的事蹟，有親切感。好有企圖心的民族。在那裡找到內心的想望和平靜。

Everest region mountains from Hotel Everest View, Dining Room
Top of the world, Syangboche, Nepal

To：黃婷

台灣台北市文山區

Taipei, Taiwan

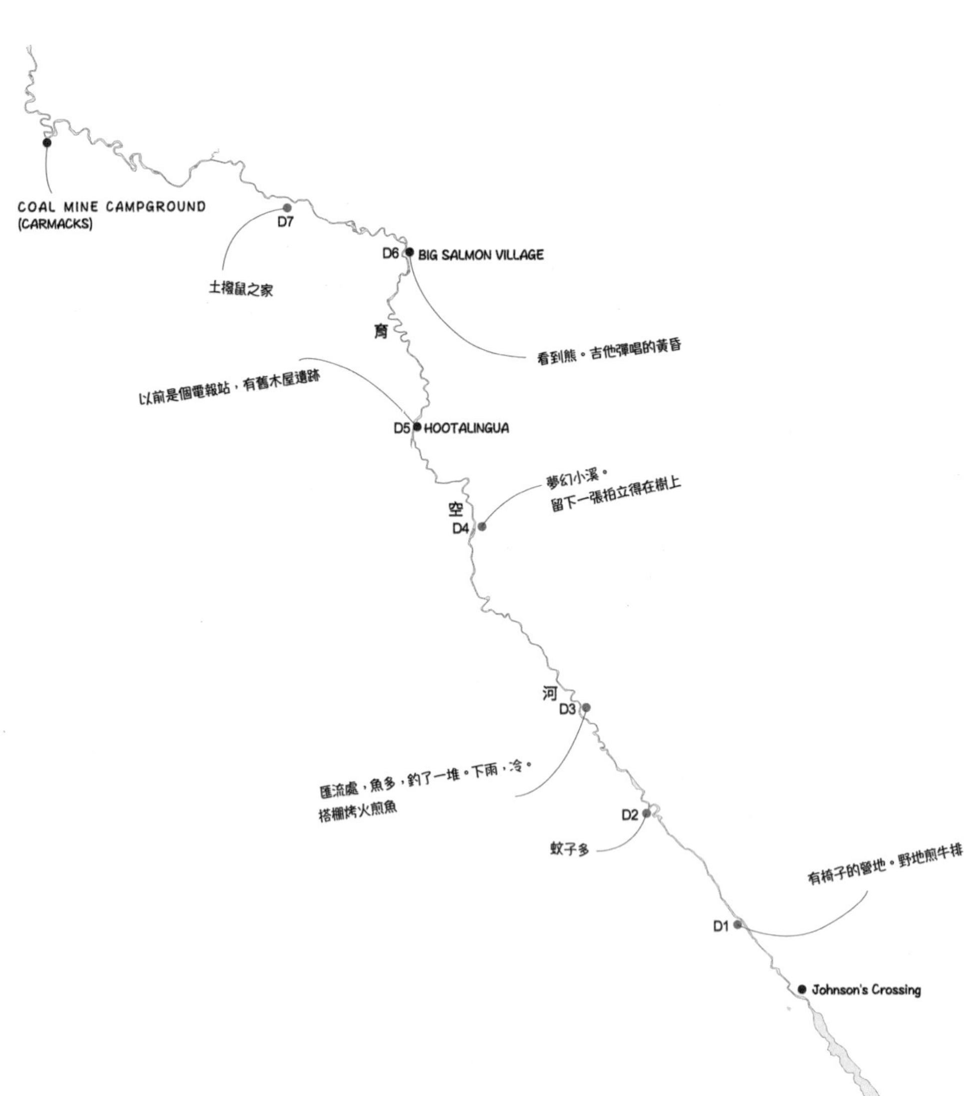
COAL MINE CAMPGROUND
(CARMACKS)
D7
土撥鼠之家
D6 BIG SALMON VILLAGE
育
看到熊。吉他彈唱的黃昏
以前是個電報站，有舊木屋遺跡
D5 HOOTALINGUA
夢幻小溪。
留下一張拍立得在樹上
空
D4
河
D3
匯流處，魚多，釣了一堆。下雨，冷。
搭棚烤火煎魚
D2
蚊子多
有椅子的營地。野地煎牛排
D1
Johnson's Crossing

第二章

行船
育空河漂流記

漂流在你等待的漂流
自由在我以爲的自由
經過一段　又一段泊不進的渡口
當滿天星星無垠閃爍　黑暗中的寂寞
沒有你的船頭
那根槳我總不太會握

我漂流無止盡的漂流
自由在沒有你的自由
經過一片　又一片切割過的天空
就算看盡了波瀾壯闊　也無從去著墨
少了你的笑容
漸漸地我把歲月上鎖

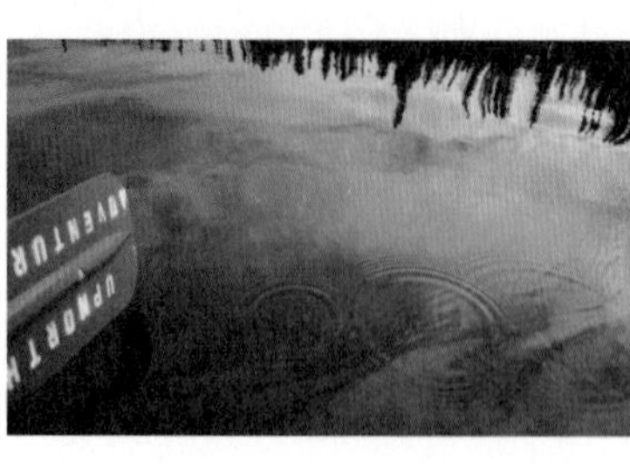

八天河上的漂流，再度回到城市中，你發現自己成了一個沉默的人。

打開電腦，瞬間湧進二百一十五封未讀郵件，熟悉的標題與寄件人，像狂風裡的海浪，整片整片地沖刷上沙灘，迅速侵蝕過去八天好不容易丟空的思維地帶，把你原本已無羈絆的生命空間，重新層層塞滿。

對著螢幕呆了半晌，終究，你只能正視，用多日划船導致脫力而不穩的手，在鍵盤上小心翼翼、一格一格地敲出字來。你漸漸意識到已回到了日常，進入工作中，傳達著讓事情推進的訊息，扮演一個組織裡小螺絲釘的角色，繼續操練過往磨礪出來的生存邏輯，接受現實社會的生命循環。

在這高緯度的城市中，盛夏陽光同樣猛烈，把水泥建築、玻璃門窗、廣告看板照得明亮通透。那溫度，與過去八日育空河上大剌剌灑下來的熾熱並無不同，然而，流動著的分秒之中，已不再是一艘兩人同船的獨木舟一路前行，不再是平靜河面上超脫時間感的隨處漂流，不再是觸目可及的藍天青山，不再於晨光中燙熱的帳篷裡醒來，迎接一鍋炭火野炊的熱騰騰鹹稀飯，不再是悠游於那原始裡，聽見生命看似在空泛之中綿延，卻那麼踏實的律動。

你意識到已返回文明生活，冷氣房與包裝精美的飲料驅散了暑氣，帶來過度的舒適感，咖啡廳裡播放 Jack Johnson 的海灘旋律，但已沒有了河上來的風。網際網路使你和世界重新取得聯繫，可是為什麼，心卻逐漸空無起來。

適才從寄放在飯店中的行李箱裡取出暌違已久的電腦，出門漫步過十字路口，紅燈時稍停步，你抬頭望了一下藍天，長長地劃過一道雪白的飛機雲，尾巴在蒼穹裡散開。

在河上，也曾巧遇一道飛行的軌跡，那是即將抵達終點前的一小時，驕陽肆虐，你緊握著槳，揮汗，近乎無意識地反覆奮力划行，「快到了，快到了！」不斷催眠著自己，從手腕到臂彎的每一塊肌肉都飽脹痠痛，聽見槳拍打河水濺起啪嗒啪嗒的聲響，額頭被高溫燙得暈眩，你的眼睛幾乎睜不開，而那道飛機雲，仿佛牽引著一股力量，一路將你拖曳到旅程的終站。

河水

此刻的你，躲進城市連鎖咖啡館裡的冷氣空間，熟稔地掏出一張平時努力工作掙來的籌碼——紙鈔，換取人們精心加工的飲料。飲料清爽而晶瑩，散發著完美的光澤，你腦中響起某首廣告歌，旋律鏗鏘，推銷著它是消暑利器。塑膠杯上滑下密密麻麻的水滴，顯示足夠的低溫，你知道當那液體順著喉嚨流進胃裡時，能帶來一種怎樣的潤滑舒暢（至少廣告是這樣呈現），那細緻的感受使你無需擔憂什麼，只要享受人生。

享受人生，標語總是這樣說。可就在舉杯的當下，你想念的卻是不久前，那隨處掬起一手掌河水、直往口裡送的粗礪感。

承載了百年來前仆後繼的淘金人潮、無數夢想與絕望，一次又一次沖刷過歷史的命運，一程又一程時光的推演，育空河水帶著淡淡褐色，微小的渣滓沈澱在你的水壺底部，河水融進舌尖時會帶點甘甜混合生澀的複雜滋味。剛開始一兩天你不能適應，閉眼咬牙喝下的每一口水，即使都煮沸過，仍老感覺吞進什麼陌生的微生物，會在胃腹裡附著，會在體內侵蝕成一片病原，會啟動超越你的文明生活經驗的現象……可一天又一天你不得已飲著它，那些你所擔憂的一切，卻都沒有發生。

當日常生活與土地合而為一，當文明漸漸在荒野裡褪去，當你回歸到世界最原始的環境之中，那對大自然的親近感，使你漸能忽略水裡的漂浮物，終於心甘情願吞進肚裡，慢慢體會到了它的甘甜。

你驀然領悟：城市生活中某些美好，或許只是人們刻意構築的外在樣貌，你以為的美好，

有時不那麼真實。真實是，親身碰觸，自然地浸淫，像初生嬰兒依賴著母親，由陌生到理解到認同，那便再也無法割捨。這些日子的生活都倚賴著大河餵養，你與她產生了難以言喻的情感，你知道她廣袤而無害，聆聽她綿遠的故事，喜歡上她的純淨浩瀚與默默承受一切的胸襟，然後，你接受了她的一切不完美。

划船的日子裡，你和伙伴們仰賴著水源而行進，被大河餵養，燒飯、洗潔、解渴，都靠它。每到一處營地的第一件事，就是努力儲水，或在泥濘中把河水裝桶，搬運至岸上等待沈澱，或踩過礫石往溪流中央，取用相對乾淨的水。有時紮營處離水源有點距離，就得花多些時間踩在泥濘中舀水、再爬上岸把水運到火堆旁。偶爾有機會紮營於一條小溪緩緩流過中央的營地，取水特別方便，那一晚上的生活，也就是天堂了。

日日花上六七小時與河水相伴，讓她載著你漂移，在天氣變化之中，有時平靜無波，有時湍急激烈，流速時快時慢、任她高興。你無可奈何，像跟隨著一個任性的孩子，只能順應她的脾性，在她平靜時你充滿感激，湍急時你拼命抵抗，一槳一槳，划過一寸又一寸的水道，緩緩前行。

水取代了你的腳，帶你顛簸也帶你順遂，帶你過晴天也帶你闖雨天，去向階段性的里程碑。

某個陽光特別明亮的日子，水面金光燦然，乘獨木舟順流而下，汗水一片片覆蓋了全身，你忽地萌生洗髮念頭，順手舀起河水往頭上淋，一陣冰涼從頭頂直灌腳底，整個腦袋的通透使你酣暢淋漓，那瞬間你感覺：再沒有什麼事可以更快樂了。快樂是那麼簡單，卻又那麼短暫，竟可能只是一瓢水從頭淋下來的那一秒。

你回憶起小時候的歷史、地理課，那些關於「人類文明源於水源」的字句，老師在講台上滔滔不絕，而你昏昏欲睡的課堂午後，課本上畫著尼羅河文明、恆河文明、長江黃河流域、兩河流域地圖，一條條蜿蜒的長河蔓延過中原大陸，人類生活沿河開展，基本民生問題解決後，便從原始漸漸演化出科技，從鄉村漸漸建築成大都市。

曾經你只是因為準備考試，而將那些文明的名字一一硬背下來，如今在這河上漂流的日子裡，終於明瞭：可以沒有電力，可以沒有房屋，可以沒有漂亮的衣服，可以沒有許多許多，在世界各個地方，你都這樣一天一天地把日子過下來了，可卻絕不能一天沒有水。

荒野生活

"Eventually, all things merge into one...and a river runs through it." ——電影《大河戀》

離開了文明，你開始重新認識自己的可能性，發現很多理所當然的事，並不是那麼理所當然。例如：「水一定要過濾才能喝」、「每天一定要洗澡」、「沒有網路會活不下去」、「睡覺必須睡在床上」……在這裡，你喝著沒有濾過的水，汗流浹背的日子都無法洗澡，早就放棄搜尋網路的念頭，並且天天睡在冰涼的土地上。這樣粗糙的生活，你卻感到前所未有的輕鬆，你的身體完全屬於自己，不為誰而存在。

儘管傍水而行，但氣溫太低，河水冰涼，讓洗澡變得艱難。日日划船之後，你身上積累汗水的黏滯，摩擦著棉質衣料，卻只能置之不理，漸漸「荒野化」為一個流浪的軀體。經過文明裡潔淨習慣的洗練，對於塵垢，原以為會芒刺在背一般地痛苦，可當生活重心變成勞動、與山林共存，居然也漸漸適應身體的黏膩不舒爽，沒想像中那麼難熬。偶爾夥伴在炊飯之後，有餘裕燒多了的熱水，趕在夜色太深、氣溫遽降之前，用一條毛巾擦澡，就感覺是無上的幸福，輕易得來一夜好眠。

北國的夏季，晝極長而夜極短，天色在清晨五點透出魚肚白，直至夜裡十一點太陽才下山休息。許是因為緯度太高，其實也沒人見過天完全黑下來，深更夜半時的天色仍帶著一些些藍灰的漸層，閃著微弱的星光，像兒時的圖畫書裡，那些用水彩深深淺淺的藍所畫出來的星空，那樣清透，帶著神秘的層次。

Adventures
323
We-no-nah

傳說夜半天空會出現極光，但要很幸運的人才看得見，這讓凌晨三四點起床摸黑小解的夥伴們，多了些嚮往。然而，你期望的如電影般聽見夜半某人一聲驚吼：「有極光！」而讓全員一躍而起的光景，始終沒能發生。絕大多數人酣睡到天亮，一早在晨曦中喝熱騰騰的粥，彼此詢問了睡夢中的情節，都是些記不起來的模糊影像。

睡在帳篷裡，有些晚上你會做夢，跟在城市裡一樣，做一些關於工作的夢。夢裡有同事纏著你追討資料，客戶抱怨進度遲滯，老闆說你放假太久要將你解僱，你那張位於角落裡的辦公桌上，信件堆得跟小山一樣高。

而你想要離開的那個人，還是不停地在夢中出現。他的笑容凝結在時光之流裡，你舉起槳用力撥弄著水波，企圖將他的形影弄碎，最好能碎進某個深邃的漩渦裡，期待他萬劫不復。但你越是攪動，他越是不斷地回來，聚進你的心。

有時夜半你在夢中凍醒，探頭出帳篷外，抖落水珠，滿天星星無辜地眨著眼睛。夢境裡的絕望顯得遙遠，此刻你孤身一人，眼前的冰冷空氣與山林間的風聲，才是當下的真實。

你想留在這種真實裡，但你知道，真實總是比想像中短暫，並且無處落腳，只是像風，不停地掠過。

偶爾你划著船時，想著那些夢境究竟代表什麼樣的意義。答案未曾浮現。

江湖

划船的生活空白卻又飽滿。

除了每日必須前行的里程數，就沒有再多必須做的事。經過整日勞動，你喜歡夜裡酒足飯飽之後，坐在營火旁望著大河悠悠，一坐一兩個小時，看天色從藍、黃、橘，漸漸轉為灰，聽著大地無聲，光陰無聲，直到蚊子多了，才入帳篷安歇。

有夥伴戲稱那營火不知能給人下什麼蠱，每個人望著它，目光都漸漸柔和了，癡了，好久好久。火焰忽明忽暗，燒紅的炭以極緩慢的速度萎縮，終至功成身退為灰燼，也為疲勞的一天作結。

你幾乎想不起來，已有多久不曾這樣，奢侈地虛擲光陰，漫無目的，將自己融為火堆裡奄奄一息的廢柴，任憑分秒流逝、烈火燒盡，卻什麼也不做，只是放空。在城市的日子裡，

在那大排長龍的人生軌道上，你總是習慣把每天的行程表填滿：早上追趕文稿進度、下午進公司上班、晚上交際聚餐、夜半再繼續工作……做完一件事又緊接著下一件，見完一個朋友又擔心冷落了另一個；怕時間太快，來不及學想學的東西，怕競爭太多，一不努力就要被市場淘汰……恐懼占滿了你的意識，於是容不得生活的一點點空白，忽略了空白所能帶來的豐盛。

曾幾何時，你成了自己最不想成為的、汲汲營營的人。

在育空河上你發現，什麼也不做，竟然可以是一種幸福。

更讓你想不到的是：這樣的生活，你仍不曾感覺失去過什麼，反而，飽滿充盈。

你的手機全然斷訊，更別提網際網路，高緯度時間帶超越你的經驗法則，只能隨著日昇月落去感覺分秒的運行。你無法跟外界取得任何聯繫，好像也沒有必要，在這北美大地、育空河畔的荒野，日常生活已不是選擇，生活只是生活本身，它不倚賴你經營，也無所謂什麼目標與追求，它擺脫了責任義務、競爭衝突，僅回到一個人呼吸在天地之間的根本：活著。

生活著。

划船、炊飯、發呆、睡覺、看日昇月落，你只是這樣，自顧自地活著。

你明白了你什麼都不需要，除了一頓溫飽，和讓隔日醒來能有力氣往前划的一夜好眠。

這八天，你花了比過去三十多年加起來都還要多的時間發呆。原來人在天地間最適合做的事情，就是發呆。發呆時看那些樹上棲息著的形形色色的鳥，草原上曬太陽的牛羊，安靜的你體會到牠們的安靜，覺得自己跟牠們如此相似、如此接近。

終其一生僅是「發呆」和「吃」的鳥與牛羊，看似毫無貢獻，不也默默身為宇宙的一份子，讓地球和諧地運行著？

就這樣發呆，不時眺望著大河想心事，你想起十二歲時第一本讀的金庸小說，《射鵰英雄傳》第一回，有個酒店老闆曲三，跛了條腿，武功深藏不露，在臨安錢塘江畔的小酒店賣酒。彼時主人翁郭靖與楊康還沒出生，他們的父親郭嘯天與楊鐵心不時在酒店裡喝酒，談論紛亂的時局，曲三偶爾插上兩句話，都頗有見地。說完了，也不多作解釋，不管他人認同與否，就拉張板凳坐在門口，對著大江默默想他的心事。

小說裡，金庸細細地描摹著武林「江湖」的開場情境。江水浩浩湯湯，恰似具象了時光的流轉。大河滾滾不休地奔流而去，天寬地闊，夕陽西下，紅霞滿天，一間破舊的小酒館，簷下獨坐因身殘而更顯得歷經風霜的武林高手，一對深不見底的眸子，沈默裡映照出說不完的故事……

那畫面，開啟了年幼的你進武俠小說世界的門，從此在你內心的小宇宙裡，有個世外桃源，你在那裡隱遁了現實生活的無力感。每當滯悶來襲，便想像著一個行遊江湖的人生，想像隨時可以拋開一切，萬事皆空，出走。

你沉醉於「江湖」兩個字所帶來的意象。江與湖，彷彿就是天下，概括了人一生的經歷。你曾在書上讀到，江湖一詞源於《莊子》裡寫的「相濡以沫，不如相忘於江湖」，說的是在枯水中靠彼此唾液相依、才得以活下去的魚，感嘆著倒不如各自放逐於大江大湖的自由自在。武俠小說大師古龍引申：「有人的地方，就是江湖。」「人在江湖，身不由己。」

這是不是許多年來，你不斷在出走的理由？

順應著宿命，在人群中轉悠一陣之後，便會開始為無形的桎梏而感到透不過氣來。也許你總太過於認真扮演著被賦予的角色，太投入執行著被交付的任務，怕別人失望，卻沒有多餘時間停下來看看自己。你像是在滾水中煮著的雞蛋，沸騰的水啪嗒啪嗒狂冒著泡沫，急切地將你推滾在水面之上旋轉、滾動不已，看似熱鬧歡愉、眾水簇擁，實則無所適從、身不由己。

天知道，儘管目前的人生看來無可挑剔，儘管你似已擁抱著多數人渴望的理想生活，可每隔一段時間，你依然渴望逃離，渴望從人群中脫隊，背著一個包袱，像走天涯的俠客，放逐自己於莽莽江湖。不為了哪裡，只為了出去。

站在朗朗晴空下的育空河畔，山林靜謐在側，大水奔流，世界的各種生物相安無事，你孑然一身的那一刻，終於不再為了什麼而追逐，終於心中了無罣礙，酣暢無比，你看見了《阿拉斯加之死》裡的主人翁克里斯多夫所渴望看見的風景，無邊無際，在荒野間，獲得了嚮往的真正自由。

生命如河　一點一滴流過了
沒有什麼永遠不變的
至少我能　把你牢記著
愛戀如河　一生一世綿延著

你曾帶我看過最美的
在我靈魂　烙印著

野生

遠離了人群，你開始靠近人類以外的生物。大大小小的各種，在這原始的大地上悠然自得的生物。

綿延於北美大陸間的育空河，古時曾是淘金人絡繹不絕的水道，如今塵封了歷史，杳無人跡。天空、河水、山、樹連成圖畫般的風景，沈穩地在你眼前靜謐著。你身在圖畫裡，也成為天寬地闊裡的小小點綴。

每天一槳一槳單調地划行著，好像能體會魯賓遜上了無人島的心境，自然而然便開始和夥伴們搜索附近岸上的生物，彷彿也在尋找那位傳說中的星期五。你發現，生物在荒野中尋找生物，竟似是一種本能。

星期五沒有出現，初見面的是一頭似牛又似鹿的軀體。

那是在划行第二天正午時分，經過了一日一夜的新手搖槳，船速極慢，風景變化微小，與夥伴在空檔時拿相機玩了無數互拍的遊戲之後，慢慢陷入百無聊賴，四艘歡欣鼓舞的獨木舟漸安靜下來，在漣漪中默默魚貫而行。

突然，最前頭第一艘船的魚大打破沈寂，從對講機裡傳來他興奮的聲音：前方一點鐘方向有駝鹿（moose）！

所有人精神一振，忙往右手邊張望，瞇眼在那翠綠摻雜枯枝的林野中搜尋良久，好不容易見到小小的一點深褐色、一個黃牛般的軀體隱隱約約在草叢中，頭上似有兩角，望向你們。距離太遠，手邊也沒有望遠鏡，你其實無法確定牠頭上的兩角，是不是枯枝帶來的錯覺。而當你與那雙相隔遙遠卻依然明顯圓滾滾的眼珠對上眼時，全身像是被電到一般，那種快樂很純粹。

雲層厚厚在天空疊著，陽光若隱若現。船行似是來到了野生動物蓬勃的路段。

接下來又出現了一匹馬，伸著長長的臉，後頸一條鬃毛連接背部，四個蹄子陷入水中，悠然踏步在河畔吃草。馬後方草叢裡藏著一頭小母鹿，圓圓的耳朵，探出半個頭來好奇四望。

膽小的鹿，是要確認沒有危險了，才敢出來？你直盯著這些經歷了一天一夜單調風景之後才出現的動物，像是找到新夥伴，感到雀躍。

延續這股雀躍，似乎與生物的緣分便開始滋長。

這日紮營於一個滿是蚊子的林畔空地，無論走到哪裡，都有這些小東西在皮膚上密集地粘黏、碰撞，荒野之中你們無處遮擋，任憑蚊子大軍環繞攻擊，嗡嗡作響。防蚊液只能求個安心，在大自然中茁壯起來的蚊子，頑強得超乎想像。煮食時還可勉強靠著營火驅蚊，可一旦走遠到林中行方便，褲子一脫，就得忍受白皙的皮膚遭到鑽刺時的奇癢，只能奮力在最短時間內解決，再倉皇逃離現場。

野外「上廁所」，許是你此生最接近土地的方式。幸運時能有一間潦草的用潮濕木片搭蓋起來的空間藏身，大部份營地卻連一個簡單的茅坑也沒有。唯有提起一把鏟子，自行遠離夥伴，到雜草叢生或林葉茂密之處，就地挖洞（這事還有學問，得顧慮土地是否鬆軟、野草是否盤根錯節而導致洞挖不下去等等），解決，掩埋。每次提起鏟子，你都錯覺自己像是德州電鋸殺人魔般，要到草叢深處去埋屍。

在景色優美之處，蹲踞時調整角度，望向大河，享受那悠悠的情調，竟也怡然自得。只是，如此不免會與許多蚊蟲、螞蟻、甚至不知名的類蟑螂小蟲過於親近，細嫩的肌膚暴露於外，時時得提防他們突如其來的攻擊。雖然如此，再奇特的經驗也是可以習慣的。當這種如廁方式慢慢熟練，你竟也漸漸感到方便。有時在河上划船，內急起來，便可立刻划向岸邊，一塊大石的掩蔽便足以解決困難。

小生物當然不只蚊子。相較於在都市生活中習以為常的蚊子，某次紮營地裡漫天的肥大蜜蜂，則帶來了較大的驚嚇感。拇指大的蜜蜂，胖胖身軀上的黑黃條紋清晰可見，於你們紮營時在身旁飛舞環繞，其實並沒有發動攻擊，但光是那嗡嗡聲已足以使人冷汗直流。兒時你讀過一個關於台南的小學老師陳益興為了解救驚擾虎頭蜂的學生，自己脫下上衣當活靶被叮死的故事，從那時起就對蜜蜂心存顫慄，此刻想來，餘悸猶存。當時看電影哭得喘不過氣，此時你彷彿置身那電影中的場景，雖未必是虎頭蜂，仍戰戰兢兢。

然而，經過了一天一夜，蜜蜂依然做著牠們的工作，你們也進行著歲月靜好的河畔生活。什麼也沒有發生。

可能所謂文明，就是用盡辦法，將人們與其他生物隔絕開來。因為隔絕而產生恐懼。

此刻，你與牠們相安無事，偶然的交集雖小有困擾，但你知道那些攻擊、侵犯，都不是出於互相傷害的惡意，只是蚊蟲自我防衛的機制。

畢竟，你正侵犯著小生物們生活的地盤，被蚊子螫一下，得到一點教訓，也是應該的吧。

土撥鼠

自然孕育大地，無遠弗屆。天上飛的蚊蟲之外，當然也有地下鑽的。

某日你們上岸紮營於一片寬廣的草地，發現竟闖入了土撥鼠們的地盤。地上一個一個小洞中，不時有可愛的小生物探出頭來：牠們頭小小的，大眼珠黑溜溜地轉，耳朵短到幾乎看不見，埋進頭毛，卻有個肥大身軀，後腿直立起來時，毛茸茸的長尾巴撐地，穩如泰山，前兩腳捧著食物送入嘴中，搗蒜一般的極速嚼食，兩腮高高鼓起似乎深怕塞不滿，吃得津津有味。

你曾聽說，科學家發現土撥鼠有自己的語言，字彙多達百多字，足以向同伴描繪敵人的體型、大小、顏色等，當有敵人侵入地盤，牠們會發出警告聲，警示同伴趕緊逃命。牠們頭雖小，但骨碌碌的眼睛會發亮，時時處於警戒狀態，看起來真的很聰明。人們認為土撥鼠

可以預測天氣，因而在每年的二月二日，北美有「土撥鼠日」（Groundhog Day）的傳統。根據民間說法，當土撥鼠在這一天出洞，如果天氣晴朗看到自己的影子，牠會嚇得回洞繼續冬眠，表示春天還要六星期才會到來，反之如果陰天，牠看不到自己的影子，就代表寒冬即將結束。

此時，置身於土撥鼠的世界裡，你怕嚇著牠們，努力表現得友善親和，安分地在旁觀望那一隻一隻從洞中冒出的小可愛，甚至拙劣地想顯示自己與牠們同一國，暗暗希望沒被當成敵人。

划完整天船之後這個疲累的黃昏，全身酸軟，呆呆觀察著於草地上洞與洞之間鑽來鑽去的土撥鼠，那令人心癢難搔的可愛，提供了不期然的療癒效果。

這日是育空河上的第六天，漂流生活進入一種規律，你想起那部古老的經典電影《今天暫時停止》（Groundhog Day, 1993）：某人每天早上六點醒來，發現自己都在過同一天——他所討厭的北美「土撥鼠節」那一天。但他越討厭，越無法改變「每天都是同一天」這個結果、並且只有他自己記得做過什麼的窘境。後來他實在過膩了，試過犯罪、自殺這些激烈手段，結果，隔天還是一樣在同一天醒來。直到他懂得享受生活，精進自我，才解除了魔咒。

是啊，每個人的一天都同樣是二十四個小時，在城市中為工作奔忙是一天，在育空河上划船也是一天。錦衣華食是一天，粗茶淡飯也是一天。同樣的一天，想要不一樣，就看有多大的勇氣去改變了。

許是因為平坦寬闊、土質鬆軟，這塊地不僅可供北美大地上群居性的土撥鼠縱橫嬉戲，也成為育空河畔一塊難得的「高級」營地；僅僅是擁有堪用的一大張木桌，對你們而言已是莫大幸福。

再往叢林裡面走一點，能看見幾棟廢棄的木屋，空間足夠搭上兩三個帳篷，屋內一個破舊的五層木架上，堆放無數來自世界各地的空酒瓶，架子尚且不夠放，五顏六色的酒瓶散落得滿地都是。更幽默的是，木屋門前不知被誰刻著「Starbucks (coming soon)」的字樣，歪斜的字跡，木紋上滿是風霜，提供飢渴旅人望梅止渴的想像。

這些遺跡，描繪的是多年來旅人們到此一宿的默契吧！你想著。漆黑的夜裡，寥落幾人拖著整日疲憊，在木屋裡席地而睡，睡前喝著誰帶來的酒，也許大聲唱了歌，也許說些久未想起的陳年往事，醉了之後把酒瓶往旁邊一丟，在星空下進入夢鄉，鼾聲四起。靜夜中，偶有散步經過的土撥鼠在門口探看，又被某人的一個翻身嚇到，迅速逃逸。

就這樣，人與大自然，融為一體了。

釣魚

見到了天上飛的、陸上走的、土裡鑽的動物們，當然也少不了水中游的。而你萬萬沒有想到，人生第一次享受到河邊釣魚的樂趣，竟是在這育空河畔。

你對釣魚，一直有著美好幻想。歷史書裡姜太公釣魚的故事，也曾讓小時候的你，傻傻帶著釣竿、魚餌、水桶到蓮池潭畔垂釣，企圖練那獨坐五六個小時都紋絲不動的定力，並幻想有魚跟你回家，幫媽媽加菜。可十幾歲的年紀，哪懂得定力？垂釣總在五六十分鐘內草草了事，當然，從來沒有願者上鉤過，水桶始終空空如也。即便如此，那樣的釣者情懷，仍深埋心底。

某年去阿拉斯加看極光，你也曾在凍結的河上冰釣。厚實的冰川上用機器打一個直徑約二三十公分的圓洞，打破冰層，觸及冰下的水，從那洞中垂下釣餌，等魚上鉤。冰釣的釣竿細細短短的，像在釣蝦場的那種，人就坐在洞邊坐守著，四周一片白茫茫，冰天雪地，無邊無際。因為太冷，一身雪衣包得緊緊的，縮著身體等待，那模樣渾沒有印象中在大海大河邊釣魚人們的豪邁帥氣，只像是個雪地上的冰雕。

相較之下，那次在亞馬遜河上釣食人魚，較具有真實性。嚮導將生魚肉裝上釣竿，整團旅友一人一支釣竿放下水，竟只有你釣起了一條尖牙利嘴、黃色身體的食人魚。眾人爭相拍照，撬開魚嘴，觀察牠的牙齒，而你則不明所以。這毫無技術含量的釣魚，怎總有魚上鉤？

育空河上的釣魚，更生動了。這天，來到一個水流較湍急的營地，河水猛烈奔騰著往前流去，那生生不息的律動令你心曠神怡。抵達的時間比平常早，約莫傍晚不到四點，河水沖刷出一大片淺灘，淺灘再繞成沙洲，在河中央仰躺著，是個寂寞沙洲。此處低頭隱約可見魚兒游來游去，甚至就在腳旁，如此親近。

「來釣魚吧！」魚大說。這裡流速較急，魚特別多，他解釋。

出發前特地申請了育空河上的釣魚執照。你的那張執照某天不小心在划船時被風吹走，幸好一路上沒遇到警察來抽查。划船時你會把釣竿靠在船邊，垂餌等待有緣的魚（但是當然，這種「緣分」微乎其微）。此時在河岸，終於等到專心釣魚的機會，你拿起準備好的釣竿，上面勾著魚狀假釣餌，用魚大教的方式，奮力將餌甩出……

釣餌是假的，真會有用？你心中充滿懷疑。原本只是抱著試試看的心態，沒想到一瞬間，釣竿就有動靜了！一股扯力牽引著你的手掌，你連忙將釣竿往上拉起，釣鉤連著線被拋上天空，你看到那上面不偏不倚正掛著一條彎曲扭動著的銀色小魚。

「嘩！」四周的夥伴同時驚呼，你自己則是呆住了。

「釣到魚了！」一切就發生在垂下釣餌的三分鐘之內，完全沒有心理準備。你以一種自以為很帥的姿勢拉回釣線，握住魚身，約莫二十公分長，感覺牠滑溜的軀體，微微地抖動掙扎。此時，你意識到真正的困難來自如何將牠從釣鉤中分離。那釣鉤刺穿魚兒的嘴，箝住了牠，你於心不忍，試圖拔開釣鉤，卻發現需要技巧，手拙的你越拔，魚越掙扎，你越慌亂，牠越是緊緊被勾著，在與釣鉤的拉扯之間，你甚至感覺到牠的痛……

其實你不知道牠痛不痛，魚類的痛覺是否存在，一直是科學家爭論不休的問題。牠們的腦容量太小，容不下太多感覺，所以有人說，魚的記憶只有七秒鐘。但似乎又有研究指出，少數魚類如鱒魚，跟人類一樣有痛覺反應。而你手中這尾上鉤的魚，竟然就可能是鱒魚。牠很痛吧？你擔心著。

手忙腳亂間，終於將牠從釣鉤上卸下，而牠也懨懨一息了。因為是小魚，煮食嫌太小，夥

伴提議放生，你便將牠放回河裡，看牠在水中翻了幾翻，游走了。此刻，釣魚的樂趣蓋過了你的惻隱之心，於是你再度放下釣鉤。

有了第一尾魚的成績，你突然變成了一個釣魚高手。魚一尾一尾地上鉤，無論釣餌放在哪裡，都會立刻感覺到釣竿拉扯的力量。光是假釣餌就可以不斷釣到魚！你的成就感一次又一次地疊高，感覺到「天下無難事」的暢快，儘管事實上在釣魚這個技術上，你根本沒付出過什麼努力……只能說這裡的魚實在是太多了。

忘記釣到了幾條魚，也許十幾條，也許二十。你放生了大部份的魚，只留下幾尾比較大的當晚餐。太容易釣到魚，也很快使你感到無聊。不費吹灰之力的「成功」，那快樂果然短暫得像不曾存在一樣。

過往在河邊生活的人們，是靠這些魚日復一日的吧。你這樣想。當釣魚變成了生存的必須，還能不能有這樣的興奮感呢？這可能也只有古人才知道了。

熊

漂流旅途中，看過各種動物，可你們的心中卻都還存在帶點緊張的想望。終於，在育空河的最後一日，你們看見了熊。

一路都在提防，卻也一路都在期待。來到育空河流域，卻沒有見過熊，未免會有些遺憾。這區域關於熊的傳說，一直沒有間斷過。你曾聽一個在地人講述熊將人吃掉的過程，平靜得令人毛骨悚然：山林間落單的男子，見到熊之後倉皇轉身欲逃，熊從後撲上，咬掉了他的頭。「其實如果你站著不妄動，再緩緩退後撤離，熊便不會被激怒。這些年來在這裡被熊攻擊的人並不多。」在地人這樣說。然而有幾個人，見到熊之後能有如此鎮定？

發現熊的那日，你們很早就抵達營地，搭好營帳，晚餐前有充裕時間晃蕩。小施鑽進帳篷裡午睡，魚大在釣魚，希拉蕊在洗澡，小羅對著花花草草拍照，阿秋不知跑哪去了。夥伴們一派悠閒，像歷史。

你蹲在河邊沖頭，看綠油油的水流動在陽光下。清風拂動樹梢，沙沙沙響，陽光暖暖地灑下來，舔著浸過水而冰冷的腳，在兩頰上燙熱。這樣難得的閒情，讓你好希望時間就停在當下。

恬靜之中，是魚大最先發現了熊，他發聲跟大夥兒打了招呼——你們齊往河的對岸看去——一頭黑熊正冒出一個頭，全身浸在水中。

你們六個人排成一整排，屏息望著大河對岸。午後靜悄悄地，熊的頭慢慢從河水中浮出來，半個頭、一個頭、然後是半個身子冒出水面，牠似乎望向了你們這邊，像水怪電影中的情節。你沒有帶望遠鏡，只肉眼見到他兩隻尖尖的耳朵立在頭上，有如黑色的維尼小熊形狀，有點可愛。但那些可怕的傳說，立刻打掉了你的浪漫幻想，望著那頭熊，見牠一動也不動地看向你們這邊，你心中有恐懼升起……

離得好近啊！只是一個河寬的距離。你感覺牠隨時有可能會渡河衝過來，在你們的營地大鬧天宮。緩緩地，那黑熊爬上了岸，在岸邊坐下，依然望向你們這邊。如殭屍般的你也還是直愣愣看著牠，好像在戒備著什麼，雖然事實上戒備毫無用處。你聽見自己的心跳，腦中閃過無數可能，電影裡怪獸攻擊人類的恐怖橋段，一時之間分不清楚自己是否在期待那劇情上演……

這樣的隔河對峙不知過了多久，好像是一下子，又好像很久，黑熊站起身來，你心突地跳了一下，卻見牠轉過身，往身後的山坡上走去。陡峭幾近九十度角的山坡，牠卻爬得很快，

如履平地一般地一溜煙往上奔去，很外就消失在樹叢之後了。

熊走了，大家面面相覷了一會兒，擔心黑夜快降臨，就又趕快回歸到日常：開始準備晚餐。

這是你們此趟育空河划行的最後一夜，每個人卻都顯得沈默了一些。晚上進帳篷前，魚大特地叮嚀大家把食物收好，同時夜裡若要出來上廁所，需要特別小心。日落之後，你躺在帳篷裡，竟然還殘留著一點點的恐怖感：若那頭黑熊乘夜渡河，衝破帳篷撞進來，將會是什麼光景？

胡思亂想中，也不知幾時入睡的，總之，是比平常久了一些。

夥伴

每個人的皮膚都變得很黑。炊煙與塵土積累在無法好好刷洗的身上，長途划船而曝曬在烈日下的肌膚，漸漸成了炙紅色，再經過時間的熨燙，轉成黑褐色。可是沒有人抱怨，也沒有人尋求擋太陽光妙方，擋得了一時，也擋不了每一天，既然走上了這條路，只有安於選擇、安於環境，才走得遠。

那些日子，你與夥伴們都在一起。划船時兩人一艘，一前一後，彼此呼喊照應；上岸後，撿柴、取水、生火、切菜、燒飯、進餐、洗碗、等日落，日復一日，餐復一餐。有人帶了把小小的吉他，天色將暗之際，水流中倒映出遠山，他刷著走音的和弦、分岔的音符，望河唱五月天的〈憨人〉：「我不願隨浪隨風，飄浪西東，親像船無港。我不願做人，奸巧鑽縫，甘願來作憨人……」

吉他與歌聲，晚風與炊煙，漫無目的的人生，那是遺忘的青春。遼遠的歌聲，在漣漪中散開，在山林中迴響，那樂音的粗糙在落日餘暉裡聽來如此完滿，帶你回到大學時代宿舍裡的光景。

亮晃晃的八月天，老舊的台大女一舍裡沒有空調，午後電風扇呼呼吹轉著熱風，T恤黏在背上一整片的汗。彼時你剛進吉他社，正學著「抓歌」，成天在宿舍裡撥弄錯誤百出的和弦，唱陳昇的〈不再讓你孤單〉。「我不再讓你～孤單……一起走到～地老～天荒～」唱得聲嘶力竭，好像擁抱著全世界的愛情，然而後來，傷你最深的也是那全世界的愛情。

四位室友來自中文系、日文系、數學系，其中還有一位高個兒的馬來西亞僑生。你唱歌時，他們時而圍著你笑，時而臥床翻書彷彿什麼也沒聽見，燥熱的空氣將你們緊緊黏在一起。

那還不是人人桌上都擺一台電腦、目不旁視的時代，Notebook、平板、智慧型手機什麼的，都尚未滲透人們的生活。書本之外，就是彼此打屁、傾聽、歡笑的時光，你們在那八坪大的空間裡，度過一整年習慣著彼此存在的日子。

那是你第一年離家上台北長住（很多年後才知道那個專有名詞「北漂」），第一次跟陌生人同住，第一次學習開關房門要顧及到午睡的室友。獨生女的你，第一次體會與同儕相處的那種陪伴，可以帶來多麼真實的安心。你喜歡彈著吉他唱歌時，儘管荒腔走板，總還是有那麼一兩個聽眾，轉頭對你微笑。

大二那年你搬出宿舍，台大女˙舍裡的室友們，從此在你生命中消逝，許多年後，甚至連名字都記不太清了。但你常常想起他們的臉，宿舍裡冒著熱氣的泡麵味、深夜那日文系學姐苦讀的孤燈、誰曬在上鋪床側的小內褲、華僑女孩因為想家而在桌前啜泣：那一個一個細瑣的畫面，像是概括了你的整個大學記憶。

有時你會想，如果當時就有 Facebook 這類社群網站，是不是你們現在仍會保持聯絡？是不是會看到彼此長大後的模樣？然而聯絡上了又如何？都各自在不同的階段裡了，你們再也不會同住一間房，為同一個目標（學業）而努力，再也不會夜半殺上貓空喝茶玩牌，然後去唱 KTV 到天亮。若再見面，也許只是一個點頭微笑，然後仍要轉身。

「十年修得同船渡」。原來大抵緣分是這樣，短暫相遇一渡，彼此帶走往後繼續前行時的記憶存糧。人的一生就像一段長長的旅程，經過無數個渡口，與茫茫人海中的某人同行一程，交換路途上的風霜，累積成彼此各自的過程，再次獨自上路。

此刻，漂流在天寬地闊的育空河上，又將是你人生什麼樣的階段？以後你會用什麼樣的心情回憶它？

在這此生或許唯一的育空河漂流行中，你修得同船渡的「船友」小施是個二十來歲、黑眶眼鏡、皮膚黝黑的斯文男孩。他在旅程中故意不剃鬍子，鬍渣蔓延了整個下巴，延伸成一撮小鬍子，好似歷盡風霜，但眼神裡卻閃爍著的稚嫩，一張娃娃臉上的純淨，透露了令人豔羨的青春。

小施在行李中運了一輛單車，飛來美洲大陸，展開無計劃流浪之旅。育空河之後，他要繼續往南騎上大半年單車旅行，沿著公路，從夏天騎到冬天，從加拿大北方，一路騎到美國西岸的南方去。

你問小施為了什麼來到這裡，以為會得到一個老生常談：厭倦平淡生活、或者失戀療傷的

自我放逐。可他卻只是淺淺一笑，說，就是之前的房屋仲介工作告一段落，在人生的空窗期，想著：做些不一樣的事吧。

沒有周密計劃，更不曾以此為夢想，沒有什麼自我要找尋，就是想做，於是上路。

你羨慕他恣意揮霍的青春，更希望自己也能像他一樣，一人一車，騎到《阿拉斯加之死》主人翁克里斯最終停靠的廢棄巴士前，拍下一張同樣姿勢的照片，如此接近一個荒野裡的自由靈魂。

自由是什麼？這些年來你一直尋找著答案。

後來你發現，人終究要活在群體之中，自由往往只是一段短短的、彌足珍貴的時間。躺在獨木舟上閉眼聽風的歌，騎單車爬上一個陡坡再滑下來，或是揮汗奔馳在馬拉松的跑道上，在那些時刻，你連呼吸都是快樂的。

育空河上，你和小施同划一艘獨木舟。你在前，他在後。後面控槳比較費力，前面的人可以任性地拚命揮槳，只管前進就好。當你恣意向前划行，你知道後面有人在支撐著你。

聊起做房屋仲介的那些事，小施提示了你許多他們慣用的話術，「仲介再誠懇，說的話你也不要全信，好多都是騙人的。」當他淡淡地如此陳述，你總難想像這個外表純樸、沈默寡言的大男生，曾在一個需要伶牙俐齒的行業裡闖蕩。他說一直在琢磨「善意的謊言」的意義，但說穿了，誰不為了賺錢呢？

回去應該會改行吧！小施說。話語裡不甚確定，但眼神堅定。你知道這趟美西單車流浪可以為他找到答案，就像那些年你自己的流浪一樣。林懷民曾說：「年輕時的流浪是一生的養分。」隨著年齡增長，你越加同意。總要在好多年後，人生的某個片刻，會回憶起一段年少時的旅行，讓你感覺當下的自己並不孤獨。

小施是白天時在光天化日下同行的夥伴，而每晚，你都與另一位「室友」小羅睡在帳篷裡度過通宵。兩人每到一處紮營，便尋找相對平坦之處，搭起營帳，插進營釘，鋪上自動充氣的睡墊，攤開睡袋，在頭部墊好幾層衣服充當枕頭，完成一個臨時的窩。

夜裡鑽進睡袋躺平，隔絕了冷空氣，身體慢慢暖起來之際，兩人並肩面對著同一片帳篷外的星空。某個晚上，你心情低落，想起茫茫的前程，你問小羅，走到一個瓶頸的當下，該何去何從呢？不知怎地你問起一個陌生人這樣的疑問，你們只認識了三天。可小羅竟也再自然不過地悠悠回應：「會牽掛一個人是因為真的很在乎。但有時候，離開是最好的解答。」你若有所悟，在接下來的靜默中，沈沈睡去。

隔天早上醒來，同樣要花上一段時間收睡墊、睡袋、營帳，捲成行囊，然後開始一天的旅程。

昨夜聊起的困境，都收了起來，你們繼續一起，這段旅途。

謝謝你來我生命裡　給我眞心
儘管當時　我們都太年輕
那年一段未完成的愛情
讓我成爲更好的自己
勇敢前行

終點之前

育空河漂流的最後一日，你如常早起，吃一碗阿秋準備的乾拌麵，混以各式炸醬、辣醬，覺得幸福。以後會懷念這些野外的飲食吧，越簡單，越幸福。你和小施一起將船推出岸邊，清澈的藍天萬里無雲，陽光毫不留情地灑落，那在皮膚上燙熱的微刺感，此時你們都已經習慣。

你見到小施褐黑的臉，與他那頂白色棒球帽形成強烈對比，人中上的鬍渣茂密，讓他看起來就像是希特勒，你笑了。這是多麼美好的一種粗獷，漂流的日子，再不需費時打理形貌，大自然已經將人塑造成最美的樣子。

許是最後一天了，這天大家話都不多，只默默欣賞著各自的風景。你的兩隻手掌因為連日握槳而長起許多個厚厚的繭，食指僵硬，上臂痠痛，但你不以為意，與這些身體上的勞累和平共處，你知道你可以好好划完這一天。你的雙腿上滿是蚊蟲停留過的足跡，凹凸不平，紅腫痛癢，像是記錄你曾在野外奮戰過的痕跡。順著流動的水，繞過岩石和淺灘，在烈日下你划呀划呀，腦中只剩下一個目標：終點。

在那終點，即將有你告別了一段時日的文明。文明意味著電力所能帶來的一切便利的現代生活，建築物裡的精心擺設，舒適的床，涼爽的冷氣，當然還有含糖飲料。陽光曬得你有些暈眩，河上的景色依然無甚變化，而你即將脫離這樣的生活。「快到了，快到了」，空白的腦中只剩下這幾個字，配合著槳打水的節奏，無意識地重複著……

奇怪這些日子的漂流裡，你從未有過如此對「目標」的渴望，每天只是前行、休息，這樣放空的反覆。如今旅程接近尾聲，終點在眼前浮現之時，你好像被激起了某種沈睡的本能，開始不顧一切地往前衝。你大力擺動著痠痛的手，以自己也難以理解的快速頻率划槳，咬

UPNORTH

牙撐持著身體的疲累感，再沒多餘精力說一句話。

你只是拚命地划呀~划呀~划過了由正頭頂上慢慢移到斜邊的烈日，划過一道長長的飛機雲，划過不知何時開始出現的電線桿，從杳無人跡的荒野之地，漸漸划進了有屋子的區段，你看見有人在岸上走動、甚至有公路，公路上偶爾駛過幾輛小卡車。

其實，漂流是愉快的，你並沒有特別感覺到歸心似箭，只是當意識到終點就在眼前，目標即將達成，你便不由自主地加速前進。這多麼對應到你的性格：無目標時隨性懶散，有目標時停不下來。

四十年來，你一直在這兩個極端中生活著。工作忙時沒日沒夜，沒有工作時就在這世上消失不見。你似乎無法確認自己比較喜歡怎樣的生活，也許都可以，也許，只是想要每一個實實在在的當下。

終於，育空河漂流來到了終點，八天的荒野生存，感覺竟像八年那麼長。

你們將船划到一個叫做「The Coal Mine」的營地停靠，靜謐的午後，約莫三四點鐘，陽光穿透枝葉，印下影子，樹蔭下一個一個帳篷林立，人們走來走去。八天以來，你第一次看

到這麼多人，竟然有那一瞬間的不習慣。

取出包在層層防水袋裡的鈔票，買了一杯可樂，吸進第一口的那一刻，腦中浮現的字眼是：

「啊，人間！」

漂流

後來，在冷氣房裡上網時，在舒適的溫度中喝著冷飲時，你常懷念起那些在獨木舟上漂流的午後。

日光柔和，白雲藍天默默照看大地，四周安靜地只能聽見微風掠過樹梢的嘶嘶沙沙，偶爾幾隻鴨子霹哩啪拉打水而過，就說得上是震耳欲聾的聲響了。你將雙腳伸展在船緣，臥倒，背部貼上獨木舟裡的防水袋，仰躺面向半圓弧的蔚藍，閉上眼，陽光一片溫熱，熨在臉上，將你包覆，水波一滴一滴一滴的聲音，在耳旁變得異常清晰，那麼親近，好像連漣漪都能發聲。

你的心平靜下來，漸漸進入一種空靈，獨木舟載你漂流著，你並不擔心它會走偏到哪裡去，

甚至放棄了研讀地圖。河水流動，溫柔地推送著它，有時原地轉了幾個圈，頭後尾前，徐徐緩緩，可轉了又轉，終究會去向那唯一的方向：順流而下。

不知過了多久，像是一分鐘，又像是一小時，獨木舟上一個午覺醒來，你起身發現自己置身於一幅寧靜的山水畫裡：藍天白雲、綠樹青山，倒影在鏡子般的河面，形成上下兩端美妙的平衡。在那片刻，胸中充溢的是景色、是寧靜、是遼遠，悲傷稀釋了，執著淡化了，你只剩自己，回到生存的最基本，愛你所愛，想你所想。

划行的每一刻，你觀察水流的律動，順應它且放心。水流靜止時，更賣力地搖槳，一點、一點地前行；流速快些時，水一受撥動，船便衝前數分，你暢快感受「兩岸猿聲啼不住，輕舟已過萬重山」，幾乎也要吟出詩來。這多像起落的命運，天從或不從人願，從來也不是你能掌握的。「隨遇而安」才是生存的法則。

其實，你不很確切知道自己對漂流的渴望，何能如此強烈。你的本性領著一個始終需要明確方向、拚命朝目標前行的人生，日日極度疲累地在精益求精的汲汲營營中，你感到踏實。曾經，你以為自己會像一顆行星，一輩子運行在固定的軌道上，毫無差錯地走著人們預知的路。不料想，卻有了那樣一段日子，你渴望逃離、渴望脫軌、渴望不被任何人找到，最終發現：原來你並不介意閉眼在一艘獨木舟上，徹底迷失。

在獨木舟上你體會：生命就像一條河流，無論做什麼，都是隨波逐流。生活安定與否，都是這條大河中的一小部份，對於前行的方向並不會造成太大的影響，所以只要做自己想做的事就行了。

是啊，為什麼總要離開了城市，在人群中脫軌，撕裂了平時習慣的生活，才那樣清晰地感覺到自己？那幾個屈指能數、漂流在育空河上沐浴陽光的日子，悠悠晃晃，卻彷彿可以成為一生的記憶那樣、比踩在柏油路上還踏實。

然後你明白了：旅行是在千里跋涉，千辛萬苦，幾乎一無所有之後，卻非常喜歡自己的樣子。

因為最後會剩下的，全都是別人拿不走的。

這一路走來　說不上多辛苦　慶幸心裡很清楚
是因爲還有　那麼一點在乎　才執著這段旅途
這一路走來　還忍得住孤獨　一個人聊勝於無
在滾滾濁世　絕不把夢交出　儘管過程多殘酷

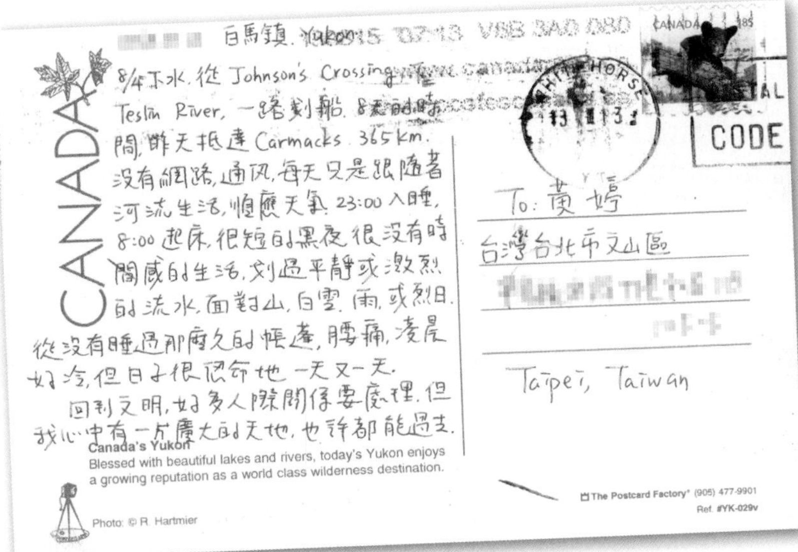

CANADA

白馬鎮．Yukon

8/4下水，從 Johnson's Crossing 進 Teslin River，一路划船，8天的時間，昨天抵達 Carmacks 365 km.
沒有網路、通訊，每天只是跟隨著河流生活，順應天氣 23:00 入睡，8:00 起床，很短的黑夜，很沒有時間感的生活，划過平靜或激烈的流水，面對山、白雲、雨或烈日。
從沒有睡過那麼久的帳篷，腰痛，凌晨好冷，但日子很認命地一天又一天。
回到文明，好多人際關係要處理，但我心中有一片廣大的天地，也許都能過去。

Canada's Yukon
Blessed with beautiful lakes and rivers, today's Yukon enjoys a growing reputation as a world class wilderness destination.

Photo: © R. Hartmier

To: 黃婷
台灣台北市文山區
Taipei, Taiwan

WHITEHORSE Y.T.
CANADA
POSTAL CODE

The Postcard Factory® (905) 477-9901
Ref. #YK-029v

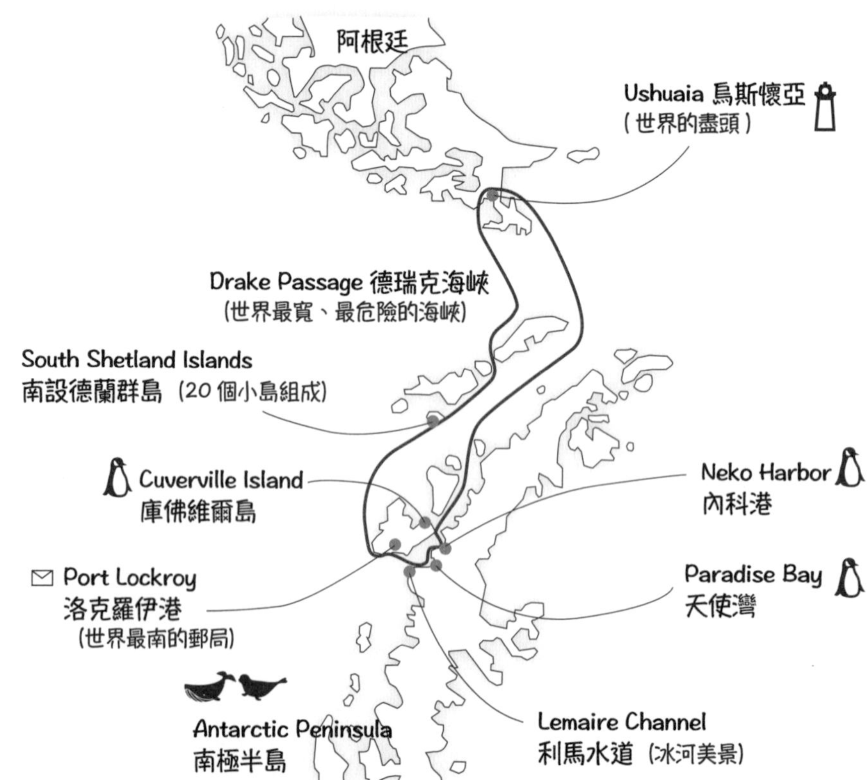

阿根廷
Ushuaia 烏斯懷亞
(世界的盡頭)
Drake Passage 德瑞克海峽
(世界最寬、最危險的海峽)
South Shetland Islands
南設德蘭群島 (20 個小島組成)
Cuverville Island
庫佛維爾島
Neko Harbor
內科港
Port Lockroy
洛克羅伊港
(世界最南的郵局)
Paradise Bay
天使灣
Antarctic Peninsula
南極半島
Lemaire Channel
利馬水道 (冰河美景)

第三章

極地——南極日記

地球　自轉　轉出生命中的陰晴圓缺
是否有一天
北極海的雪原　會融解　開成花園

曾經我以爲　再走不出那些傷心欲絕
離開你之後　回憶繞了幾圈
我不完全　是孤獨陪我慢慢復原

11月24日　晴

終於，紛紛擾擾的一年，快過完了。

這一年的台灣有學運，有捷運殺人事件，有澎湖墜機事件，有大城市裡的氣爆事件，有餿水油事件，有九合一選舉。

這一年，我進補習班學日文，試著去探看另一個世界；練習全程馬拉松，讓停滯的人生持續在跑道上前進；搬家，設計一個靠窗的房間，為了能在斗室裡看見藍天；寫歌詞，寫很多歌詞，儘管，仍有心情無處安放。

十一月，在台灣選舉的熱潮之中，在媒體上充塞的人與人的傾軋之中，在房價飛漲、地球暖化，而冬季仍能穿短袖的島國，我關上電腦，整理行囊。

前往一個滿是冰雪、沒有人居、沒有國籍、沒有文明的，地球最後一片淨土。

從桃園機場飛香港，等待，接著先飛十二小時到伊斯坦堡，轉個機飛十七小時到布宜諾斯

艾利斯，過一夜，再飛四小時，到達地球上最南端的城市：烏斯懷亞（Ushuaia）。

再過一夜，換搭破冰船，越過德瑞克海峽，在船上狂暈四十八小時。

從台灣，要這樣經過整整四天四夜的移動，海陸空的推進，始能觸及南極大陸。

朋友問：為什麼要去南極？

我不知道。

我所有的旅程都是在踏上了之後才尋找為什麼。

偶爾　我不知道還能往哪兒去
努力走夠遠了　天色也夠晚了
醒來卻還在原地

11月27日 陰

烏斯懷亞。天氣陰，一大片穹蒼壓下來，山雨欲來的態勢。

天空有著灰藍黑的漸層，彷彿在預示旅人未知的命運。

這完全是「世界的盡頭」該有的樣子。

關於一座城市存在的意義，有很多種可能，烏斯懷亞屬於比較浪漫的一種。據說絕大部份來到這裡的人們，都是為了去南極，距離只有八百公里。

《春光乍洩》中，張宛把阿輝的不開心留在烏斯懷亞。從王家衛的眼光看去，這位於世界邊緣的小鎮，是為了告別及重生而存在。

而我，為了什麼而存在？

昨夜十點就昏睡，早上六點醒。連續數十小時繞著地球飛行，時差狂狂襲來，是那種頭一沾枕就可以失去意識的強烈睡意，沒半秒輾轉。

午餐去吃帝王蟹。一隻一點五公斤，台幣一千多元，號稱世界最便宜，活的，現煮，鮮甜甘美的帝王蟹。

嚐過北海道的帝王蟹，也嚐過阿拉斯加的帝王蟹，現在是世界最南的帝王蟹。帝王蟹口味沒什麼不同，人的心境卻隨著地域而東南西北。

在北海道，因為奶油而有幸福感；
在阿拉斯加，因為極光而有滿足感；
至於烏斯懷亞的帝王蟹，則帶著一種寂寞邊境的百無聊賴。

下午四點登船。Ushuaia 號，由破冰船改造成的極地觀光船，房間是四〇八號艙，下舖。

人生第一次的長途乘船。
痛恨暈船。我原以為自己一輩子都不可能乘船遠行。
然而越痛恨的事情，越難以避免。

上船那刻，想像起半生海軍的爸爸。應該在是我唸幼稚園時吧，老爸隨軍隊乘船去南非三個月，不時寄些南非的土產回來給媽媽。那是爸媽婚後的第一次分別，也是至今最久的一次。將近五十年婚姻，兩個人最長的分別只有那三個月。

當我年紀稍長，常注意到家中有來自南非的物品，像是：老虎皮毛做成的拖鞋，豹皮做成的背包，奇特的木雕與手工藝品……這些充滿異國情調的東西都像被媽媽珍藏存放；很多年以後我才明白，媽媽留著的不是物品，是思念。

那時離家很遠，航行於大海的旅途中，每天看著海平線，老爸腦中想的都是什麼呢？他寫了很多信回來，那些信後來裝了一整箱，上了鎖。老爸說會當傳家寶，交給我。

現在的人不太寫信了，尤其不用筆寫信。下一代將不知道「書信」這樣的東西，一張紙上滿滿的手寫字，折起來放入信封投遞出去，就成了情懷。收到的人讀完，保存數十年，再翻出來時，紙上滿滿的都是歲月。下一代的歲月，不在紙上了。

我留在這一代，幻想自己是探險家，乘船去探索新大陸；旅途中，在船上寫字。

文字中航向地球之南，極地，登上一艘即將安頓我的生活十一天的船，冒著驚濤駭浪的風險，去向詭譎的大海……

11月29日 天氣不明

從十一月二十七日 晚上十一點，到十一月二十九日 清晨五點，在有「世界上最不平靜的海峽」之稱的德瑞克海峽上，我遭遇了人生中最漫長的暈船。

整整三十小時躺在床上半睡半醒，無法起身，更無法進食。中間勉強吃了一個蘋果，沒多久又全部吐出來。

做了很多亂七八糟的夢：老闆催促工作，情感糾結的人們在夢中錯置，穿插著一些台灣的選情中胡亂的結果。

手機全無訊號，GPS 也不靈，還能利用船艙大廳的古老電腦上網，已是奇蹟。

地獄式的暈船，一點辦法也沒有。整個人縮在床上逃無可逃，除了暈著。

所謂暈船藥，是吃心酸的；在大自然的狂力之下，只能用來證明人類文明的可笑。

茫茫大海中的孤船，往前的路途，不可能為了我的痛苦而稍停一下。好佩服那些歷史上的

探險家，能一次又一次地熬過這一切驚濤駭浪。如果不是深愛著那片海，何必吃這種苦。

距離從台灣出發已經過了四天，至此連一片冰山都沒看到。

窗外只是海，浩瀚的、單調的海，偶爾見到幾隻海鳥飛過（牠們是哪飛來的？），幾隻座頭鯨在噴水。

南極，真的好遠……

11月30日　晴

經過兩日兩夜的不省人事，終於在出航的第三天，登陸南極半島。

烏斯懷亞號破冰船停泊在外海，作為觀光乘客的我們，像電影裡那樣，穿上救身衣，下船乘坐橡皮艇，繞過淡藍色、平滑得像一個銅盤的冰山，前往陸地。

天氣變化很大，時好時壞，登陸時，下了場雪，很快又停了。

第一眼看到企鵝的感覺很難形容。伴隨著身邊團友的尖叫，我驚詫於企鵝的體積如此小巧，牠們悠遊在一片有如人工造景般不真實的冰雪世界裡，走路，叼食築巢，求偶，東張西望，仰天長呼……

而重點是，跌倒。牠們不斷地跌倒，再爬起來，跌倒，再爬起來。

可愛，好可愛，太可愛！

地球上怎會有這麼可愛的生物！？這是踏上這片土地之後，縈繞在我心中揮之不去的疑問。造物主藏著這麼大的驚喜在地球的兩極，是不是為了給人類提醒？

杵在企鵝旁邊，看著牠們肆意地穿梭而過，對我毫無懼意，在南極雪白的大地上，那真是我此生所見過最祥和的景況。

沒有國籍，沒有文明，沒有建築，甚至沒有物種之分。

只有一片想都想不到的壯美，任何影像也無法複製的感動，透過視網膜，倒映在心中。

在南極大陸的每一刻，這一片潔淨無暇，這所有的純粹，促使我心中充滿祝福：希望這些可愛的生物們，永遠可以好好地、無憂地，在這裡生存下去。

我們沒有權利打擾，更不該剝奪；我們能做的只是靜靜地互相理解，與適切地陪伴。

而這，不也是人與人之間最美好的狀態？

若我們 仰望同一道彩虹
你會看見我
縱然時光已攪進了漩渦
結成琥珀 我緊握
多暖和

12月1日 晴

睜眼醒在極地的破冰船上，黑暗的艙房之中，悠悠來到今年的最後一個月。十二月的台北，最冷的淡水大約也還是會在攝氏十五度以上。相對於此地，台北十分溫暖。

早晨，南極的船艙傳來廣播："Antarctica is good weather!"

其實說是「早晨」也奇妙，昨夜我於晚上十點入睡時，天還沒有黑；凌晨三點醒來從小窗裡向外張望一下，看到天已亮。又或者，天其實根本沒有黑過？

只要醒著的時候，天就是亮的，彷彿有大把光陰可供揮霍，光天化日使人精神奕奕。

幸好艙裡是不透光的角落，我在下舖睡得很沉。在這永晝之處，一點點黑暗空間都彌足珍貴。

早餐有烤土司、很多罐頭水果、水煮蛋、培根、火腿、燕麥片。飽餐後下船，登陸海德魯爾加岩（Hydrurga Rocks）。帽帶企鵝（Chinstrap Penguin）的眼神憨厚，臉頰上有條黑紋，像極了帽子的鬆緊帶；白眉企鵝（巴布亞企鵝，Gentoo Penguin）的眼上白白的一勾，好

像正帥氣地挑眉，英姿煥發。牠們在遠方群聚著移動，小腳丫印在雪地上。

因為全球暖化，南極半島近年來一直在升溫，冰河在消融中。有些很需要冰的品種如阿德利企鵝的數量都在下降，外表看來溫和的巴布亞企鵝，卻頑強地在無冰的海岸和水域中繁殖了更多。

看完企鵝回到船上，午餐已在食堂擺好，貴族級的待遇。番茄湯、羊排、烤馬鈴薯、冰淇淋、香蕉，撐死我。

太飽了正在放空時，海面上突然直播起殺人鯨追逐座頭鯨的驚悚情節，那影像張力十足，大事發生中，四周卻安靜得詭異。片段稍縱即逝，很快地兩頭鯨消失在遠方，一切恢復平靜。

座頭鯨安全逃脫了嗎？沒有答案。

下午我坐交誼廳中，看著窗外漂浮的冰山，寫明信片。

陽光閃耀，像澄淨天空中的一顆大鑽石，為冰天雪地帶來毫不刺激的暖意。有人在甲板上曬著，我也不時出去伸伸懶腰。

靜謐的南極午後。

總是在旅行時這樣的片刻，感到幸福。

忘記過去，不想未來，只有現在。

12月2日 陰

世界各國為保障南極的和平與研究自由而協調了《南極公約》（The Antarctic Treaty），其中規定人類不能主動接近企鵝五公尺以內，但不限制企鵝主動來接近我們。

於是乎，大夥兒為了吸引企鵝的接近，在雪地上使出渾身解數：或趴著不動，或縮著身子假裝是比牠們體積小的生物，或以招呼狗狗的方式一直招手要牠們過來，甚至，躺在地上裝死。

已經顧不了愚蠢，盡情回歸童真，我像是求愛的生物，努力想法子獲得企鵝的一點點青睞……但是當然，絕大部份行動都失敗了。企鵝們忙得很，牠們走在固定的路徑上，搖搖晃晃地爬上爬下，時不時跌倒，再爬起來繼續，看起來光是搞定自己就很費神，哪有時間理會一旁這群不速之客（人類）的搔首弄姿？

成群的企鵝在雪地上走啊走，走出了一條「企鵝公路」。

嚮導都提醒我們：別踩到牠們的公路喲！若踩亂了軌跡，牠們會分不清路線。於是乎，企鵝有企鵝的公路，我們有我們的人類公路。

我沿著山坡往上走，企鵝在另一邊也沿著山坡往上走。

牠們比我慢多了，而且走累了還趴在軟軟的雪上休息，跌倒時，回頭跟伙伴打架，彷彿是在怪對方絆倒了牠……

牠們就整天這樣走呀走的，叼著石頭或蛋，從一個聚落走到另一個聚落。

我就整天這樣看牠們走呀走，從一隻企鵝觀察到另一隻企鵝。

每一隻企鵝都像是天然的喜劇演員，各種創新的滑稽動作，時不時逗得大夥兒哈哈大笑。

上帝創造這樣的生物時，心情到底是有多好呢？

每天，在南極的生活很規律，就像企鵝的生活一樣，日日都在放空，迎接著許多片刻的小快樂。

在台灣的那些擔心也沒用的事，就不去擔心了。

今早下了一場大雪，甲板被淋上一層薄薄的雪白。終於要前往能寄出明信片的地方了。這幾天在船上晃悠的時光，寫了好多好多明信片，要捎給朋友們，一段雪白的日子。

12月3日 大雪

今天大雪，來到傳說中「南極最熱門的景點」：英國研究站 Port Lockroy。二次大戰時，英國在這裡建立了一處秘密基地，戰後成為科學研究站，現在又轉型成博物館，這裡只有在南極的夏天才開放營業，由自願者來這裡營運商店、維護島上遺跡。

之所以熱門是因為在觀光客的整個南極航程裡，這是唯一可以寄明信片和買紀念品的地方。有一間「世界最南端的郵局」，博物館中展示百年來南極探險家的生活點滴。在這裡消費的金額，會成為維護這小島的基金。

這大概也是南極旅程中，最有「人味」的景點，否則我們幾乎所有的航程都在冰天雪地與企鵝部落中度過。

從 Port Lockroy 寄出的明信片每張郵資一美金，會蓋上南極的郵戳，先到英屬福克蘭群島，再到英國，由英國發送到全世界，大約要花三個月的時間。（後來我回台灣之後算算，一個半月就到了。）

在這裡，我寄出了三十七張，此生或許就這一次的，地球上最難（南）的明信片。

研究站的站長是個漂亮開朗的金髮女生，來自英國，父親是法國人，她還會說德文。夏天她在挪威工作，等到挪威冬天了，她就來南極過夏天。

「我只愛夏天！」她說。但南極的夏天，溫度是零度啊……

其實，是個以世界為家的人吧！

她說在日本住過四年，當英文老師。機緣是她某次轉機時在香港待了兩天，發現亞洲是個太特別的地方，於是決心留在亞洲看一看，剛好有了機會就去日本生活。

我和她說了幾句日文，第一次跟西方人講日文，聽她頗道地的日文口音，覺得新鮮。

遊歷世界的女生，帶著開朗健談的微笑，我們同框拍了張照片。也許此後不會再見面了，但當再度看到這張照片，她會提醒我那份為自己探索生活的勇氣。

博物館裡陳舊的工具，簡陋的空間，都為我們展示了探險家艱苦的生活。牆上有半裸的類瑪丹娜美女畫像，以慰觀測員常年身處極地的寂寞，有點浪漫的辛酸。據說原本畫像是全裸，後人為她們加畫上了衣服。

遙想南極那些年的冬季，再感受此刻還只是夏天的酷寒，就覺得有著探險血液的人好了不起。

而這也宣示了英國在探險時代是多麼活躍，才能在荒涼的極地佔據了一塊天選之地的小島，作為基地。日本人的南極觀測站在地圖上還顯示「inaccessible」（難以到達的）呢！

12月4日 陰時多雲偶陣晴

「南極是會呼吸的。南極是有生命的。」

這是日劇《南極大陸》裡常出現的一句台詞，現在我真實體驗到了。

陽光被烏雲遮蓋時，天地一片死寂；卻反而覺得冰山是活著的，有動作、能呼吸。

每天早晨醒來，都在迎接不同的天候，那便是一天開始的調性：嚴冬或暖春。有時早上看見厚厚的雲層，天地陰暗無光，中午刮起雪，下午忽然豔陽高照，以為放晴了，晚上卻落下冰雹。

一天不只四季，像是有著更多季節。而因為沒有黑夜區隔每一天，有時候過完大半天，到黃昏還是整片如早晨般的白晝，會錯覺已經來到了隔天。

時間感是混亂的，萬物的一切都在發生，持續發生，好像一直沒有休息過。有時我對持續的天光感覺疲乏，但那並非來自於身體上的操勞，純粹因為沒有夜幕來暫時遮閉整日外放的心靈。

甚至，連寂寞都是蒼白的，孤獨亦赤裸裸地在白天飄蕩，世界好像少了一半，永晝裡我們更快速地燃燒著靈魂。於是領悟了《易經》中所強調的陰陽兩極之必需，陽盛養陰，陰盛補陽，事物因對立而統一。白大與夜晚都同樣被需要，並無好壞之分。

南極地形的變化也時時在發生。

有時冰塊在海面漂浮得太多太滿，橡皮艇無處行走，便打亂了登陸計劃。

有時怕離冰河層太近，可能隨時會有冰山崩落，安全起見，也被迫停止登陸行動。

大風大雪大太陽，像個頑皮的小孩，恣意妄為，挑戰人們面對變化的應變力的極限，而我無可奈何，聽憑擺佈。

踩在雪地上，常無預警地突然大幅向下陷落，腳插入雪地、淹過膝蓋，帶來片刻的恐懼驚詫。

有人靜對山脈許久，悠悠地說：「你知道山啊冰啊土地啊是會說話的，只是我們不一定聽得到。就像有些人講了一些話，但其實有更多話沒講。」

我知道。但真要聽見，談何容易。

那幾隻在海岸遊走的落單企鵝，牠們有千言萬語，可我們都只聽見自己想聽的。

在企鵝前拼命按下快門，拍下影片。但拍下的都只是億萬光年中的一秒、十秒、三十秒，相較於不止息的變化，留住的影像微不足道。當下的感動，就是那一刻的感動而已。它留不住，也無法被複製。

南極最後一天，陰天。一早起來到迪塞普遜島（Deception Island）看火山口，踏著灑滿火

山灰的雪。

這地方還有溫泉。所謂溫泉，水溫只有攝氏二十度左右，然而在動輒零下二十度的南極，這已經算是溫泉。

旅程尾聲，我的心情憂鬱，莫名所以。歷經了前所未見的大自然景象，一次震撼教育，有些東西在心中內化了吧！此後，儲存了這南極體驗在我的靈魂晶片裡，就像交了個朋友，開了另一扇窗，時時等我去窺望。

回程的路有如來時，長達四天之久，船、飛機、海洋、天空……四天無法好好躺上床的日子，又一次地像是修行，更像是一種生命在轉化的儀式。

至於轉化成什麼，要用時間去理解了。

一次一次地盼望著
一點一點地失望了
一寸一寸看著年少時代的天空縮小了
擁有了夠多　爲何不敢　盡情哭呢
一萬倍世故聰明　換不回一分快樂

一天一天地長大了
一年一年地遺忘了
一步一步成爲年少時代無法理解的大人
只希望最後 我們還能　唱一首歌
把這一生的風景　寫成天邊永恆的銀河

12月5日　晴

在船上生活了一週，穿著拖鞋在甲板上走來走去，極地竟也有了日常的氛圍。

從南極冰山上鏟下來的萬年冰塊，像一塊足球大的透明水晶，冰雪水晶彷彿孕育了世間的神話。船員用尖叉削下一小塊冰，用來鎮一杯 Whisky，然後帥氣地在吧檯上往前推到我面前。我先用舌尖輕輕舔拭冰塊，那一陣清洌爽口，融化了內心長期積累的鬱結感。

破冰船滑行的旅途中，冰山沉默地杵在遠方。我們不僅闖入企鵝的家，更闖入了冰山的結界。南極世界是安靜的，只要用心傾聽，時時可以聽見冰尖從山上滾落，碎裂的聲響。

天氣大好時，陽光與陰影合作，在冰山上作畫。誰說天工可以巧奪，每一幅畫都由造物主信手捻來，全無造作。超越想像，超越人工，我們只能觀賞，驚嘆，讓這渾然天成的幸福感，恣意遊走。

南極有中國山水畫的意境：即便天地間只存在兩種顏色（藍與白），卻能畫成絕美的圖畫。極簡的色彩，卻極其豔麗地映入心中，這是否也帶來了一種關於人生哲學的隱喻？

人類窮盡一生追求的斷捨離境界，藝術家窮思竭慮想去創造的曠世巨作，大自然不費吹灰之力地悠悠展示。

每當我拿起相機想拍下眼前難以言說的美景，透過小小的觀景窗，卻永遠會讓那充塞內心的悸動大打折扣。人類的科技文明，即便是尖端的 VR 技術，也複製不了真正身處其中的感受。那是除了視覺之外，還混合了溫度、氣味、聲音、空間的完整體驗。

一早，坐在船艙中，就著窗外變幻不斷的美景，閱讀一本堺雅人的小書，散文中那些字裡行間不疾不徐的自省，恰到好處的感性，太適合眼前的景況。

昨夜用 iPad 又看了一次日本電影《南極料理人》，現實與電影湊合在一起，是名副其實的身歷其境。這裡不需要冰箱，在甲板上就可以冰一罐可樂；而一碗於城市中再尋常不過的熱騰騰的拉麵，在物資缺乏的南極被料理出來時，卻能產生極大的救贖意義。

歷史書裡南極探險家的故事，那些關於狗拉雪撬的傳奇，徒手翻山越嶺的不可思議，簡陋條件下卻撐過整個嚴冬、比電影還像電影的情節，真真切切地在這片土地上演過。

攀登聖母峰的艱難，與極地探險的不易，都是考驗人類在酷寒的天候、漫長的旅途中如何生存並抵達目的地。而究竟哪個比較辛苦，我也分不出來了。只知道平凡如自己，從未想要突破什麼極限，只是仰望著這些偉大的意志靈魂，也很滿足。

而昨日，在大風雪中爬上一座小山坡，雪片及冰雹狂掃在臉上的極凍的瞬間，卻驀地升起一股頑強的心境：我要穩穩站著，往上爬。

人類贏不了大自然，但還是要生存下去，我想那就是我們在南極看見的自己。

12月6日 天氣不明

又一次的暈船大作戰，回家的路好遠。

在船艙中的床上隨大浪翻來滾去躺了四十小時之後，腰痠背痛，突然醒來，問正在梳洗的室友：幾點了？答曰：一點，凌晨。

啊，我以為已經早上了呀。期待著早晨來臨，船便能入峽灣，回歸風平浪靜。

看來要再等等。四十小時沒進食，飢腸轆轆。飢餓驅使我下床走走，在午夜無人的船艙中，感覺自身顛三倒四地存在，身體像在漂浮中覓食。

然後，所謂天堂，就是餓了四十小時後第一口熱騰騰的日清杯麵。

暈船的日子像是我生命中失落的篇章，一次消失了好大的段落，幾十個小時的一片空白。

從來沒能一次睡那麼久，這能不能算是「睡」其實也不確定。總之是毫無辦法地睡睡醒醒，

做了無數跟現實無比貼近的夢，以為已經完成了些一直想做的事，醒來才發現全是夢，而我還在海上空蕩蕩地漂流。

身處得遠一些看事情，也許不能說是透徹，但清晰一點了。

這一整年的流浪，都沒有治好我的憂愁，或許是一輩子的課題也不一定。

學到最多的是認命，是平靜看待生命中的起落，是在低潮中也不要對感情失望，是無論如何都必須堅持靠自己的頑強。

如果還沒找到該找到的東西，就不能停止繼續動身上路。

畢竟，真沒有多餘時間可浪費了。

12月7日　暴雨

旅程最後一天。

為了躲避暴風雨，前日船長決定提早啟程，航行過波濤洶湧的德瑞克海峽，及早回到比格爾海峽（Beagle Channel）。我終於從兩次各四十八小時的慘烈暈船記中，歷劫歸來；但也感謝有這經歷，那樣深刻地記得曾吃過苦頭去到南極。

今日船就泊在風平浪靜的烏斯懷亞外海，風和日麗，陽光溫煦，船上，大夥兒進行告別的活動。

船公司為我們準備了整個旅程總結的DVD，裡頭藏著許多船客們不經意被拍下的照片。投影機中回放這段旅程點滴，一群人看著，笑著，鼓掌著，流露出真誠的開心。

短短十一天，扣掉航程，真正在南極的天數只有六天，然而朝夕相處，此刻重溫照片，留下了不可思議的回憶。

安然航行的船上，好多人在照顧我們。從看來很可靠的船長、酷酷的大副、低調的技師、幽默專業的生物學家、天天駕橡皮艇載我們在冰天雪地裡來來回回的船員，到廚師、酒吧服務生、甚至清掃的阿姨，各司其職地讓整個旅程順暢。看著照片上他們一張一張被回播的臉孔，我有些想掉淚的感動。

早過了年少時參加完「夏令營」就依依不捨、到處留通訊方式的年紀，每次團體旅行結束，就自己默默 fade out，相忘於江湖。

畢竟簽完的通訊錄，後來幾乎沒有使用過。能留下的朋友自然會留下。我總是這麼想。事實證明，絕大多數都只是過客。人生旅程就是不斷去認識新的人，不斷去到下一個階段。

沒料到有人熱情地拿出類似畢業紀念冊的本子要我留言，哭笑不得之際，下筆時竟也獲得一點重溫學生時期的溫馨感。

每次這樣與陌生人的旅行，都讓我從許多不同背景的人身上獲得啟發：人有千百萬種，過生活的方式也有千百萬種，跳脫自己日子裡的框框，這世界到處充滿趣味。

這趟南極行，船上一起經歷風浪的，除了我們十多人的台灣團友，許多來自歐美的西方人，另外還有專業和善的攝影團約十人來自中國大陸，以及口音親切的兩位馬來西亞人。

像個小小的聯合國，我們天天生活在一起，從互不干擾到互相交換心得，到最後一天甚至交換照片。想起某日在南極的雪地裡拍照，十幾個台灣團友拉起一大面青天白日滿地紅，是一位中國人滿溢笑容地為我們按下了快門。

歸心似箭。很享受每次旅程結束後的歸心似箭。那更真切地提醒我是屬於哪裡。

不管走得再遠，就算是世界的盡頭也罷，總還是要回家的。

曾經走了那麼遠
直到記憶都還原
每一次迷失道別都爲了再向前

曾經淚水那麼鹹
最後悲傷都還原
歷經千辛萬苦的靈魂有愛相連

○月○日　也無風雨也無晴

從南極回來以後，每當有人問起：你去過那麼多地方旅行，印象最深刻的是哪裡？

我總是毫不猶豫地回答：南極。

奇怪這樣一段單調而日復一日只是登船、上岸觀看企鵝與冰山、且無時無刻不冷得發抖的旅程，卻充滿了我多年的旅行記憶中，最常想起的畫面。或許那便是大自然純粹的力量吧。因為純粹，所以深埋於心，久久不褪。

每當心情陷入低潮，我會想想那些生活在南極大陸的企鵝們。想著牠們在屬於自己的大地上，一小步一小步地過著日子，循著既定的軌跡前行，一次次地跌倒，再爬起。

想著生命的本質，其實就是那麼簡單。

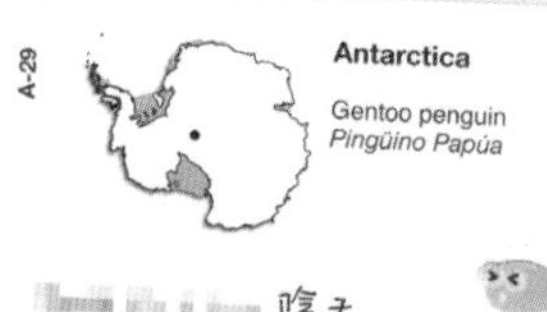

64°49'S, 63°30'W

PORT LOCKROY ANTARCTICA

www.ukaht.org

陰天.

南極第四天. 漸漸習慣了在船上的日子. 其實
好酷, 像航海員規律地生活, 以船為家.
完全完全沒有工作的牽絆, 專心體會著和
冰山為伍的生活, 非常幸福吧....
媽媽生命歷程的改變, 也使我想著: 該
存點錢了, 鍛鍊身体, 充實自己, 經營工作.
沒什麼好怕的, 努力向前, 背該背的責任.
冰川, 大地, 白色的一片, 企鵝... 我在夢中築著
另一個夢, 只想好好對待有緣的每個人,
然後盡其在我。

Claudio Suter Photographer

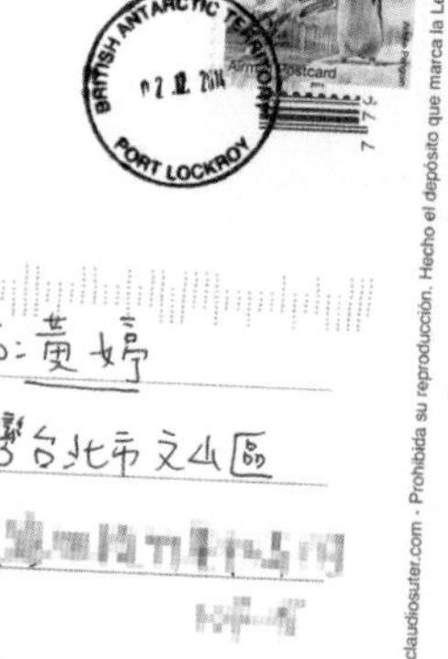

To: 黃婷

台灣台北市文山區

Taipei, Taiwan

Serie Antártida - info@claudiosuter.com - Prohibida su reproducción. Hecho el depósito que marca la Ley 11723

每一次迷失道別都為了再向前

St. Petersburg
聖彼得堡
Moscow 莫斯科
Yekaterinburg
葉卡捷琳堡
俄羅斯
西伯利亞鐵路
Novosibirsk
新西伯利亞
Lake Baikal
貝加爾湖
Irkutsk
伊爾庫茨克
中國
哈薩克
蒙古
海參崴 Vladivostok

第四章

告別
西伯利亞鐵路書簡

我還記得那年晴空萬里
那一道飛機雲的弧線
蜿蜒著思念　寫下故事的總結

我還記得那年你的年輕
刻在從前最美的時間
在我生命裡
你不曾告別
不曾走遠

I・要走得多遠，才能離開你

Dear C：

我一夜沒睡，清晨的班機飛向北方。

決定離開。離開一個穩定的工作，也離開關於你的場景。或許，離開全部的人生也沒關係。

待在空無一人的公司，徹夜處理好所有離職事項，寫下職務交接的notes，故意把自己搞得很忙，才沒時間感傷。我出社會後第一個有辦公桌、領固定薪水的工作，遠遠超出預期地做了整八年。離職理由欄內，毫無想法地寫下「生涯規劃」四個字。

其實，什麼也沒規劃。

就像那年你撞進我生命，也不曾規劃過。一切就這樣發生，這樣激情過，又這樣結束了。如同我們並肩躺在墾丁龍磐大草原上看到的流星，咻～～亮光一閃，夜幕瞬間回歸漆黑。

一個多月前，請老闆簽完離職單那天，踏出辦公室，他最後的叮嚀在背後響起：「自己小心。」熟悉的音調，帶著一點悵然，或許，也只是我自己的悵然。才驚覺：以後就沒老闆、沒固定薪水、沒尾牙、沒年終獎金、沒同事了。

並且，也沒有了你。三十出頭歲，一個人飄飄蕩蕩，我的工作與感情，瞬間解散。公司的電梯緩緩降到一樓，門開，迎面的保全阿伯笑得跟平日一樣憨，他什麼也不知道，跟我說：「明天見」。

明天不會見了。不重要了，那些牽掛，那些繁瑣。沒什麼是沒我不行的。

跨出大樓，抬頭望天，藍藍的天，空空如也。不知道待在這城市是為了什麼，也不知道該去哪。

流浪吧！

旅行出發前、一種關於逃的興奮感，掩蓋了徹夜未眠的疲憊。早晨七點四十五從桃園機場飛首爾轉機，晚上七點〇五抵達海港城市海參崴，飛機落地時，有雨滴濺上窗格。雨霧中，我第一次踏上神秘俄國的土地，想起歷史課本上的日俄條約、中俄條約，和那些名字很長的俄國作家、電影導演，每個人的名字後面都要加個「夫斯基」，總被大學時外文系的同學拿來開玩笑。

明明有很多想去的地方，卻選擇了俄國。此時才意識到俄文系畢業的你，依然是我的背後靈。分手了之後還去前愛人最常提起的國度，我就是這樣一種不乾脆的人。

曾經，長住俄國是你的夢想，整個大學都在規劃著這個夢想，說要去學俄國菜，回台灣開餐廳。我們初相遇那個暑假，你攢夠了錢去莫斯科待了幾個星期，帶回一個俄羅斯娃娃給我。你說看到它，就想起我的臉。

那時你描述著莫斯科的生活時，瞳孔中散發著喜悅。你說好喜歡俄文的音調，哪怕是個整人的難學語言。第一次你對我說「Я тебя люблю」的夜晚，我們在貓空某茶館看著溫柔而堅定的 101 發光。奇怪我不懂俄文，卻一聽就懂了那話音中的含義。

多年後，一起經歷了許多生命跌宕。從大學畢業，一路懷抱著不著邊際的夢想，到三十出頭的年紀，青春的快樂與悲傷中，充滿了你。住在台北汀州路舊公寓的頂樓加蓋，颱風天，雨絲狂狂地掃進窗格，我們有過深長的擁抱，單純地以為，那就是永遠。

年輕時的一個擁抱，或許真的是永遠吧。只是那永遠中，沒有你。

「此生應該不會再去俄國了。」某個忘記彼此又因什麼而沮喪的夜晚，你說。我點點頭沒回應。那時知道我們快不行了，所有曾經的甜蜜，都只是曾經。我落寞地覺得：終究，一切都會結束的。對自己或對愛人的承諾，都算不了什麼。

II・我們能趕得上時間嗎

Dear C：

今天我開始了「西伯利亞大鐵路」之旅，上了火車。

第一階段從海參崴到貝加爾湖（Lake Baikal）西南部的大城伊爾庫茨克（Irkutsk）。車身以灰色為主體，點綴以紅色塊，充滿俄國鐵路的風味。二等車廂，四個人一間。我在第八車廂，二十八號床，右下舖。

從海參崴出發，終點是俄羅斯的首都莫斯科。西伯利亞鐵路是全世界最長的鐵路，全長九二八八公里，共穿越八個時區。這一路會像是追趕著時間吧？一路向西，不停地向著更早的時區前進。

可我們能趕得上時間嗎？

若搭上世界最快的列車，拚命往前面的時區追，能追回初見你的那一天嗎？

第一次關於火車旅行的記憶，是跟你一起。大三那年一個天氣晴朗的日子，我們到超市買了烤肉架、火種、黑炭、菜、肉、生鮮，分裝進背包，蹺掉整天的課，搭上台鐵往南行。

你總是這樣，說來就來，說走就走，說蹺課就蹺課，消失就消失。

搖搖晃晃的火車，行在陽光燦爛的夏日，光影穿透窗戶，在車廂地板上畫出亮片格子，青春悠遠，身邊有你而感覺安心，儘管那個時刻我們本該坐在教室裡。

火車行到新竹站，再轉區間車，前往內灣，一路綠意盎然。出了小車站，你帶我抄小路，到一個滿是鵝卵石的無人小溪邊，架起烤肉架，進行我大學時代唯一的一次野外烤肉。

那個下午的陽光閃耀在青春裡。你熟稔地生火、用竹筷翻轉鐵絲網上的食物，擅長把玉米烤得晶瑩剔透。你要我去撿些枯枝供燃燒、用寶特瓶裝溪水給你煮沸，我像個孩子般雀躍地進行著這些輕鬆的勞動，竊喜自己有點用處，錯覺我倆像是武俠小說裡的江湖俠侶，要在那世外桃源生活一輩子。

年輕時隨便一點小小的悸動，都覺得可以一輩子。當時不知道，一輩子如此短暫，短到再美好的時光都留不住。你把烤好的肉片夾在吐司裡遞給我，金蘭烤肉醬浸濕了白吐司，難忘的滋味。

內灣最後一班火車在傍晚五點鐘發車，晚了就可能受困在荒郊野外。下午四點五十分時，忘記是誰猛然想起了這件事，當下倉皇地收拾東西，你一路拉我手，飛奔往車站，追逐那最後一班車。你拽著我鑽進車廂的瞬間，門就關上了。互相喘息對望，眼神裡交換著「好險」的訊息，汗珠點點在你額頭上，那片刻像極了青春日劇裡的夢幻情節。

其實日劇裡的夢幻片刻都是真的，只是當它們發生時，總短暫得令人措手不及。

從那時我便愛上了火車，愛上車廂中那個奇特的空間。自己身體是靜止的，實際上卻在移動，不費吹灰之力就可以循著一條軌道，去到遠方。行進的軌跡如此固定，前路如此明確，可過程晃晃悠悠，令人迷醉。

和你並肩坐在車內的硬木頭椅上，看你的側臉線條揉進車窗外一直倒退的風景，鼻樑畫下好看的弧線。岩井俊二電影裡的青春也不過如此。我想著，只要和你一起，就靜止在這裡也沒關係，或者，讓火車帶我們去天涯海角也沒關係。

那是昨日，當我們年輕時。而此刻，迤邐在荒漠大地上的西伯利亞鐵路，載我前往書本中的神秘邊界，去遇見那些兒時聽來太遙遠的故事，或許，潛意識裡更想驗證你所熱愛的地方，藏著什麼。

我身邊沒有你，沒有熟悉的人事物，只剩下一無所有，帶我前行。

睡在有左右各一個上下鋪的車廂，像軍教電影裡的阿兵哥一般，而我選擇留在下鋪。兩個下鋪中間靠窗有張小方桌。下鋪在白天是沙發，晚上鋪上有點厚度的格子床墊、白色床單，就成為睡覺的床。行李箱橫躺在床底下，需要時就得整個拉出來。睡覺時，頭枕著車輪磨擦鐵軌的聲響，隆隆不息。

夜車於靜謐中微顛簸前行，伴隨著鄰床旅人的鼾聲此起彼落，這情境十分陌生，可我感覺

安心。

終於，行在夢想中的大鐵路，這是第一夜，我在夾雜著興奮與思念的情緒中，準備睡去。

III・這個世界不需要我

Dear C：

才出門兩三天，我卻覺得已經離家很遠了。車廂裡的空間，就是我生活的全部。這個時候，你在做什麼呢？那趟內灣回程的車廂裡，我們的身子貼得很緊，至今我都彷彿還能感覺你汗黏的手臂的溫度。

此刻，火車沒日沒夜地奔馳著。六月天，西伯利亞炎熱得從土地上冒煙。然而怎樣的炎熱，都抵不上青春的熾熱吧。

慢慢地，習慣了一直處在顛簸的狀態，顛簸讓感官超越了日常兩腳踏地的習慣，像是在大地上漂浮著。想到那時你帶我去玩漂浮在外太空的VR，戴著眼鏡，很傻地隨眼前的場景躡手躡腳，有那麼一刻，我真的錯覺自己伸手就可以抓到星星。

相偕著兩人去遠方，與一個人獨自去遠方，有什麼差別嗎？不是都說，每個人是獨立的個體嗎？無論有沒有你，我還是我呀，都是這樣地呼吸、移動著。那麼，思念是為了什麼？貪圖著一種若沒有其實也不會活不下去的溫存？而持續著沒有結果的思念，我們整個人生都將是一場徒勞……火車上，這樣的思考迴旋在一些破碎的片刻裡。

身上只有一百美金，用帶來的乾糧與泡麵撐了兩天，本想測試食慾控制的極限，今天終於還是抵不住誘惑，來到古時屬於上流社會的昂貴餐車。在這裡遇到旅程中第一個比較友善的俄國人，美麗的女服務員，靈動的大眼睛，嗓音不特別宏亮但強悍。C，要是你在，或許就熱烈地搭訕了起來吧。而完全不會俄文、這幾天迭遭白眼的我，總算首次獲得笑容與耐性。

全俄文的菜單，我以幼稚園程度的英文單字，搭配比手畫腳，跟服務員溝通。「beef」她絕對聽不懂，需要用「哞～哞～」這種狀聲詞示意；「pork」這字太艱難了，用「pig」表示豬肉即可；「fish」她也有點不確定，所以她雙手合掌，做出魚往前游的動作，確認我說的是魚…而手指頭表示數量，最終只剩下 cola 和 beer 算是世界共通語言。

我細看菜單，猜測著食物的品項，在數日的大量澱粉之後，渴望蛋白質。點了份煎鮭魚（六百九十九盧布），一碗紅通通的羅宋湯（一百八十盧布），搭配一杯可樂（一百二十盧布），就用掉二十美金（一盧布約等於台幣零點六元，一美金約等於五十盧布）。煎魚被淋上沙拉醬，盤子裡點綴以黃瓜片跟番茄片，分不清這道菜算不算是沙拉。這物價在台北還勉強說得過去，在俄羅斯應該是貴族級的。

車窗外斜陽西照，隔壁桌的老俄幾杯啤酒下肚，大聲唱起歌來，聲調鏗鏘，透露著豪邁的氣息，迴盪整個餐車。唱畢，熱情旁觀的旅客替他鼓掌，久違的熱鬧場景，儘管像夕陽一樣，稍縱即逝。

其實我不知道吃的是哪一餐，徹底遺落時間感，火車轟隆隆地宿命般前行。我特地去注意時間的頻率差不多就一天兩次：早上起床那次，和夜裡入睡前那次。其他時候就飄飄蕩蕩的。下午的一場午睡也不知睡了多久，醒來好像過了一世紀，也好像只是一分鐘。

走走停停，有時會在一些小站停留十幾分鐘，小站的名字是長長的記不住的俄文，月台上反覆演出各種重逢與告別。每一個擁抱，每一次揮手，都有故事。而這些地方，或許我此生都只會這樣經過一次；就像你，C，在我生命中經過了就一次，此生。

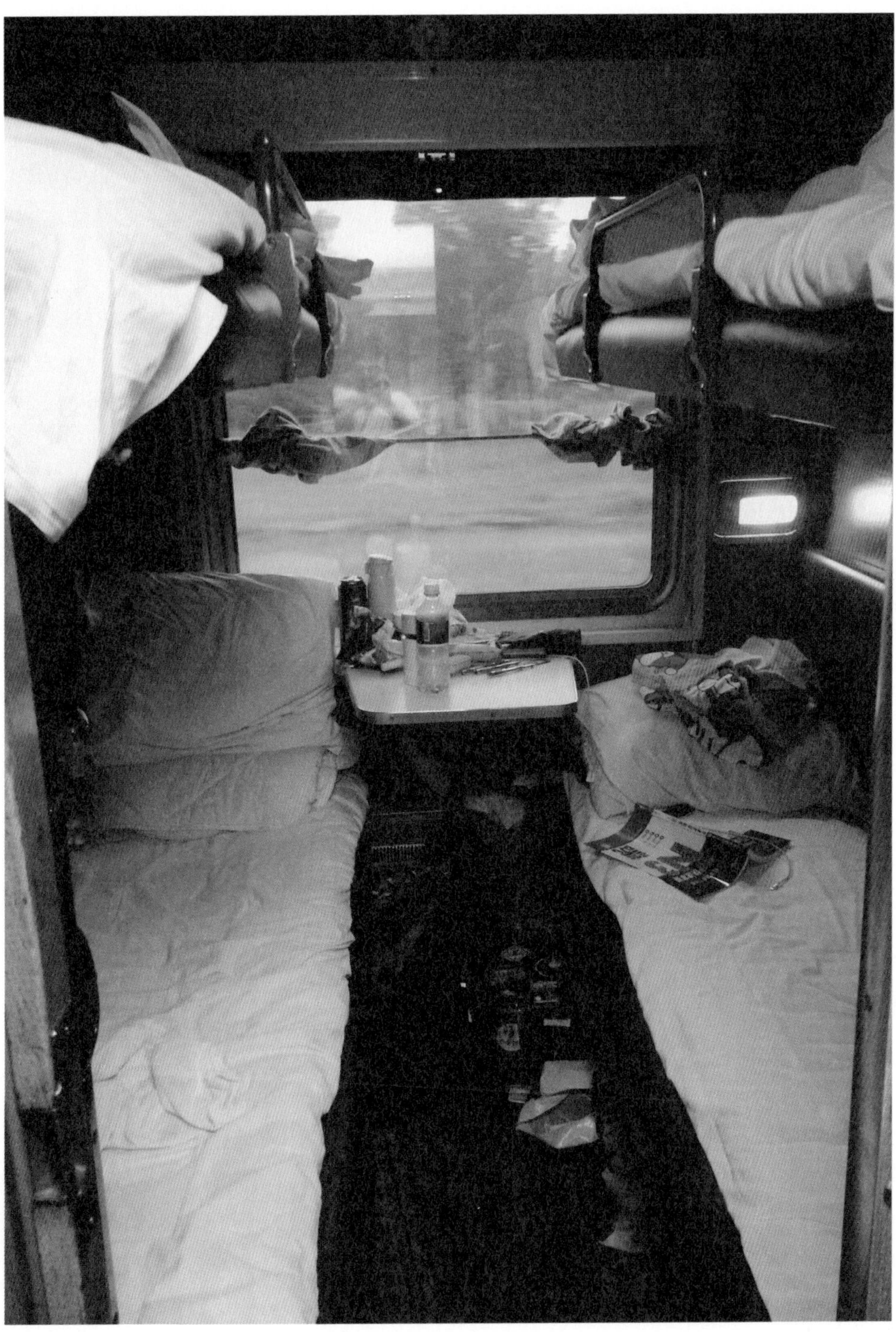

站裡有小販兜售食物，有年輕男子，但以大媽居多。火車進站停時，他們就一擁而上，像電影中常看到的那些戰亂時期，火車月台上的凌亂光景。我買了一袋西伯利亞餃子（Pelmeni），是冷食。這餃子的形狀跟台灣的很像，俄羅斯文「Пельмени」這個字的意思是「耳朵麵包」，描述餃子的形狀像胖胖的耳朵。

西伯利亞餃子各種餡都包，鹹的肉餡，或是甜的奶渣、果醬、起司。我買的是起司餃子，滋味不差。但，就是太想念熱食吧，餃子若不是從沸水裡撈起、放在盤子裡冒著煙上桌，少了風味。C，我們去日本鐵道旅行時，車站賣的那些五彩繽紛、看似美味的驛便當，也都是冰冷的。「賣相取代不了熱騰騰的溫暖，台灣人在吃的方面實在太幸福」，那日福岡出發的新幹線上，你用筷子在冷的牛丼便當中翻攪，如此感嘆。

被列車帶著走、沒有行動自由的此時，實在不適合多想台灣的食物。我在窗邊寫信給你。這幾天的生活單調而平靜，寫幾句言之無物的歌詞、讀幾行讀不進去的書，偶一抬頭，窗外重複的針葉林與草原風景，依然無邊無際。

感覺不出過去了多少時間。好像也不重要。失去重力感，漂浮在鐵軌上，卻有種奇妙的安逸。

這個世界不需要我，我也不奢求什麼，只是沉默、偶爾凝視地路過。

看手機上地圖定位的軌跡，距離第一個目的地貝加爾湖還好大一段路，但不急，也沒有期待，時間到了的時候，就會到達該去的地方。

在那之前，只要持續前進即可。

IV・幸福可以很簡單

Dear C:

這裡看到的天空都是一大片的，常是湛藍色的，藍天下飄著形狀分明的朵朵白雲，看起來很可口，彷彿可以像周杰倫歌裡唱的那樣，一朵一朵地吃掉它們，有如吃掉憂愁。

那是在亞熱帶很少看過的天空的顏色。差可比擬的，或許是大學時我們並肩躺在總圖前的草地上，仰望的那一片藍吧。奇怪後來對藍天的印象就越來越稀薄，好像從學校畢業了之後，世界突然變得擁擠窄小，日子多數剩下鋼筋水泥間的侷促追逐。

於是我想逃，逃進荒野，逃進空無。再不離開，就看不見自己在追什麼了。

火車上的時間除了睡，就是吃，亂吃一通。泡麵在這種地方，特別好吃。準備一個鋼杯，到車廂尾裝熱水，三分鐘就能填飽肚子。其他穿插在縫隙的時間，我背日文單字，做幾份N2的考古題，乏了就讀小說，放空。

喜歡在火車上看書，將自己埋入文字的魔幻空間，身處於恍惚的移動中，思緒飛揚。這跟飛機上看書略有不同。同樣是靜止的閱讀，機艙提供全然的包覆感，只有想像力奔騰；火車則疊加以移動變換的風景畫面，與思緒磨蹭。

好幾天無法洗澡。幸好，經過了聖母峰基地營健行和育空河划船的洗禮之後，數日不洗澡也能適應。西伯利亞內陸乾燥，六月天雖已頗熱，在火車上靜止不動也流不了多少汗，每天把衣服換掉就舒適了。

充電不方便，遂把電器用品的需求減到最低，手機只用來看看時間，拍拍照片。照片也拍不了太多，風景看起來都差不多。網路就暫時不執著了。反正是流浪，也想避免不小心看到關於你的蛛絲馬跡。臉書上那些共同朋友的動態，打卡過的日本景點，我們一起跟服務生吵架過的餐廳，笑得甜出蜜來的情侶照，以及關於時移事往的各種領悟……每個畫面都會讓我憶起當時的信仰，成了現在的不痛不癢。

如果在相識的最初，就預知了分手的結局，我們還會選擇在一起嗎？

我會吧，我會。在過往那些清晨醒來，窗紗潔白透亮，身邊有你的呼吸、幸福得幾乎流淚的時刻，我真的也想過這樣的結局。但，沒想過退縮。反正人生漫漫，若不跟你糾結過，往後拿什麼來感傷……只不過是花了大份力氣進入一段關係，再花更大的力氣離開而已，如此而已。我們應該都從彼此身上帶走了些什麼吧。是什麼呢？

待在車廂裡閱讀、睡覺，有時起身去洗手間或取水，與人擦肩，通過窄窄的長廊，那也幾乎是大家「放風」的小空間了。我偷窺每間車廂裡的情狀，想像著那些與我截然不同的人生。衣著布料昂貴的中年白人貴婦，應是獨自旅行，安靜地望向窗外。頭戴格子鴨舌帽的瘦削男子，人中上的鬍渣沒剃乾淨，眼神飄忽，像是推理小說中、在列車上常被懷疑是兇手的角色。有些房間的棉被與物件交疊得一團混亂，有些整理得井然有序。我合理猜想，前者同住的是熟識的人，後者彼此是陌生人。

這日車廂裡有金黃短髮、雪白襯衫制服的俄羅斯阿姨，前來兜售熱騰騰的炸麵包

(piroshki)，麵包放在竹籃裡，被布巾蓋起來，掀開布巾時，她的動作就像是古時候新娘在洞房花燭夜被撩起頭紗，感覺特別美味。

麵包是俄羅斯人民的主食，他們做好吃的麵包，就像我們煮好吃的米一樣的普遍而自然。炸麵包裡夾菜或夾肉，有點像台灣包子，只是他們包裹以類甜甜圈的炸麵皮，剛出爐的好好吃。這是在火車點狀停靠下車時我最常跟小販買的食物。

俄國阿姨一頭米白發亮的短髮，臉上的粉底與口紅濃淡恰到好處，真漂亮，整個人白白淨淨有種高雅的氣質。她來時我正餓著，聽不懂她描述的、不同形狀麵包代表不同的內餡內容，但那微笑給人願意掏心掏肺的溫暖感。我隨便挑了一種形狀，清爽的熱白菜包在鬆軟的炸麵包裡，吃起來是幸福。

火車上的簡單生活，幸福也變得很簡單。

C，公司附近那家賣好吃海鹽麵包的店，你現在還去嗎？那時常常你買了四點出爐的海鹽麵包，搭配一杯熱美式，在小公園等我來共享一個簡單的下午茶。麵包這食物真神奇，能把平凡的午後變成生命中難忘的日子。你趁著工作的空檔前來，那彼此百忙中相聚不到一小時的光景，在我記憶裡無限漫長。

V・流放之路

Dear C：

為什麼我要來西伯利亞？只因為喜歡搭火車嗎？想逃，何不逃到美輪美奐的歐洲去享受人生，或是我愛的美洲也好，卻來這不毛之地，每天枯燥地在車廂裡發呆？金牛座的鑽牛角尖，讓我的思緒陷入混亂。

一向橫衝直撞、行動至上的你，又要笑我了吧。「來就來了，這些無用的東西有什麼好想的？要費心，不如費心找找有什麼好玩的。」我彷彿聽見你的聲音悠悠地在耳邊響起，你總是想得比我少，比我懂得活在當下。

「人還是要互補，才最適合在一起。」你說。那麼，應該一輩子都不會喜歡俄國的我，反差著對這塊土地充滿執念的你，這樣的不同，算不算互補呢？其實，我懷念聽你說著那些我不知道的事，以前不曾有興趣的地方，都因為你，而在我心中活起來。像是西伯利亞。

那時，我們在九份的山上看海。陰陽之海，墜落在氤氳的霧中。海景之前，你說故事。你告訴我，在帝俄時期，西伯利亞是「流放之地」。你喜歡的俄國大文豪杜斯妥也夫斯基就

曾因反對沙皇統治，在一八五〇年成為政治犯，被流放到西伯利亞，他稱這裡的監獄為「活死人之屋」（House of the living dead）。

我在火車上這一路看，還真沒什麼驚艷的風景，絕大部分映入眼簾的都是荒涼：枯黃地、針葉林、有一搭沒一搭的短短小溪流、毫無章法的植被。廣闊死寂的大地上，曾有大批罪犯在此從事漫長的苦役，日復一日枯燥地勞動，累積對人生的懷疑，並對抗大自然的險惡。

我好像怎樣也無法喜歡俄國文學。太陰暗太苦澀了。是不是因為天寒地凍的時間很長，那些文字就盡往人心的痛苦裡鑽，往生命的灰暗中自虐地探看。C，聽你在談著這些的時候，我覺得你的心好深，深不見底。

失去愛，人活著的意義是什麼？只能流放自己，到感情之外。這是假設性的答案。我的人類圖中有開四號閘門，什麼都想要找答案。關於這道閘門，是這樣說的：「善於對問題提出假設性的答案，忘記答案本來只是一個假設，其實需要時間及實際經驗去驗證。」那麼，就來驗證吧。你不是我的答案，什麼才是？

經過七十六個小時晃悠之後，列車駛進貝加爾湖西南岸的大城：伊爾庫茨克。此地西向莫斯科，東往海參崴，南接蒙古的烏蘭巴托，作為連接俄羅斯廣大土地的中繼站，伊爾庫茨克也被稱為是「西伯利亞的心臟」。

抵達時天色大亮，此時是台北時間清晨五點半，時區說是跟台灣一樣，街上的時鐘卻寫著凌晨一點半。原來這裡所有的公共時鐘顯示的都是「莫斯科時間」，導致我的時間感繼續錯亂中。

暫離火車，進行三天兩夜的貝加爾湖之旅。先從伊爾庫茨克車站搭巴士到貝加爾湖岸的港口，乘坐渡輪前往湖中的奧克洪島（Oklhon Island）。上了島，再搭小巴到民宿。

理著金色小平頭、叼著菸的俄國大叔一身黑衣地出現，開一輛藍綠色蘇聯麵包車來載我們。車頂裝置著行李架與藍色帆布，他爬了上去，藉由壯丁幫忙，合力一一把行李都拉到車頂綁好。我那行李箱近三十公斤（完全想不起來裝了些什麼，可能因為八本書吧），得由三個壯丁才夠力往上抬到車頂，看著讓我有點內疚。

麵包車顛簸著，從港口開往一片黃土荒地，雲層原本很厚，逐漸散去，露出藍天。黃土襯著藍天，藍天再映上湖面，湖水湛藍，是畫。我們心曠神怡地走在畫裡。

然而，現實不一直都那麼夢幻，車子開著開著，突然就拋錨，在路邊不動了。

剛剛才爬上過車頂的俄國大叔二話不說，又熟練地鑽到底盤下修車。四周美如絕境，這般突如其來的暫停，竟像是個禮物，來得剛剛好，我樂得在路邊拍照玩耍，沈醉於夢境般的湖景之中。這或許是旅行中最甘願的一種等待。

約莫半小時光景，大叔修好車，大家上車，一切又如常地前進。

行走至此，已是生活，只是生活。

途中，車裡幾個人聊起天來：

甲：俄國大叔好厲害，修個三兩下，車子就繼續跑了。

乙：This is MAN!

丙：哎，台灣就沒幾個這種男人……

丁：對，因為他們會直接打電話叫道路救援，打完了就滑手機、打卡、自拍上傳。

眾人說完，一片默然，各自望著窗外想自己的心事……

C，你若在場，多半會湊向俄國大叔身邊，跟他問東問西吧？或許打算出手相助也不一定。很快你便能搞清楚他孤兒的身世，一人打工養家的辛苦（我想像），知道這輛車是他二手買來的賺錢傢伙，甚至跟他約好晚上一起喝杯酒……哎，我真喜歡你與世界溝通的熱誠，只是有時我分不清你真正愛的是什麼。

貝加爾湖第一日，一行人抵達民宿 Nikita's Homestead，座落在奧克洪島的首府胡日爾村（Khuzhir）。胡日爾是個從湖畔黃土地上長出來的小村落，這裡沒有柏油地，黃土瀰漫，走在路上會以為前方隨時能轉出一個耍雙槍的牛仔。藍天白雲下低低地蓋著成列如新的矮房，色彩鮮豔，卻有莫名的空無寂寞感，這讓我想起楚門的世界，更想起在世界盡頭的阿根廷南端小鎮烏斯懷亞，都是遺世獨立的小城，有著類似的清冷氣息。然而在這裡，人是自由的。

民宿全是木造房屋，木製傢俱充滿了每個空間，為漂泊的旅客提供家的溫暖，儘管木頭上的亮光漆過於刺眼，好像會有童話世界裡的小精靈跳出來。有了房間，有了床，還有淋浴，旅行的幸福莫過於此。晚餐的幾道俄國家常菜，算是這趟火車行從上路以來，首次能好好吃頓安定的飯。菜色有甜菜羅宋湯、馬鈴薯泥、燉肉、俄羅斯抓飯，以及貝加爾湖少不了的鮮魚湯。

吃飽後，散步去大街上買肥皂（二十四盧布），海倫仙度絲（三百五十四盧布），終於可以好好洗個澡。回民宿前去看夕陽，晚上九點多的夕陽，從湖對面的山頭落下，溫柔恬靜。

我愛日出，也愛夕陽。儘管其實，它們看起來很像。

民宿裡有久違的 Wi-Fi，一小時五十盧布。連上網路，留語音給台灣友人報平安，她驚訝地回訊說，我的聲音平靜得不像我。這幾年在工作上勤勞地追逐著案子的進度，熱切地與各種人溝通，內心再怎麼不爽時，也好聲好氣，做個好人，大概因此，工作狂的印象根深柢固吧。然而追逐了這麼多年，也沒追到心中的平靜，反而幾天的鐵路旅程，那個躲去深處不見天日的安詳的自己，跑出來了。

也可能，我一直陷在關於你的回憶裡，根本沒有活在當下的時空。

孤獨而不寂寞的貝加爾湖夜。睡前我跟趴在客廳沙發上的一隻毛色黑白相間的貓咪玩。牠的毛蓬鬆地散開，矗起來像刺蝟的短毛，眼神銳利。俄羅斯的貓咪，好似也長著一張俄羅斯臉？

VI．歷經難中難，心如鐵石堅

Dear C：

清晨醒來，深吸一口氣：我在貝加爾湖畔啊。

這光是用想的，就浪漫。何況，我是真的在貝加爾湖畔啊。

貝加爾湖，「西伯利亞的藍眼睛」，世界上最深、最大的淡水湖，也是世界上最古老的湖泊，大約形成於二千五百萬年前，面積逼近台灣大小，湖呈新月形，約有三倍台灣南北的長度，一九九六年成為聯合國世界遺產。「貝加爾」的蒙古語意即為「自然」，描述它自然天成的壯麗。

來此之前我最有興趣的傳說之一，是相傳貝加爾湖其實就是西元前一百年左右「蘇武牧羊」的北海。當時蘇武身為漢朝的外交官，出使匈奴，受副使張勝的叛變連累，被囚禁。匈奴單于想逼蘇武投降，把他流放到冰天雪地的北海，不給他食物和物資，讓他放牧公羊，說當公羊生小羊時，才讓他歸漢。其實，流放就流放了，竟然還給他一個沒有希望的希望，這是怎樣的一種心理折磨啊。

書上看到的蘇武畫像，手上都有一根毛快掉光的木杖。蘇武一直不忘自己代表漢朝的尊嚴，他拄著漢節牧羊，一直堅持到漢武帝（他老闆）都駕崩了還回不去，聽到這個消息只能對湖大哭。

在北海待了十九年，蘇武始能回到長安，去時四十二歲，回來時是六旬老翁，少壯變白頭，人生中最精華的時光都虛擲在北海。歸漢時，蘇武的母親、弟弟都已過世，妻子改嫁，兒女不見蹤影。

「歷經難中難，心如鐵石堅。」古人的節操在這年代讀來，真是匪夷所思。

有個環節很少被提及：蘇武在北海也不是孤苦零丁。史書記載他娶了匈奴女子，還生下兒子名為蘇通國，只是後來終於得以返漢時，他沒把這兩人帶回來。貝加爾湖的物種富饒，取食不難，加上後來蘇武的好友李陵投降到匈奴，應該也有照顧他，以至於他還有餘裕成家。然而，似乎因為這環節會破壞蘇武的傳奇，就比較少人提起。

但我總覺得，連自己切身的刻骨銘心的愛情，要維持多年都那麼難；十九年因為一個「愛國」的大愛，獻出寶貴的人生歲月待在蠻荒之地無所事事，已足夠偉大，結婚生子只是剛好而已。

幼稚園時我就曾跟老師一起吟唱：「蘇~武~牧羊北海邊，雪地又冰天，羈留十九年。渴飲雪，飢吞氈，野幕夜孤眠。」那優美的旋律常縈繞心底。貝加爾湖畔草原遼闊，牛羊緩步，天空湛藍，一下子大雨、一下天晴，甚至不時來一場冰雹，如此艱困的環境，仍存在著微笑探看生命的人們。

C，如你常說的，歷史終歸塵土。如今，江山依舊，人事已非，徒留憑弔。思緒飛揚之後，回到當下，俄國嚮導開著小麵包車，帶我們在奧克洪島上環遊貝加爾湖。

方方胖胖車子的挺可愛，而跑起來著實很威，無窮無盡顛簸的石頭路，頑固的石板凸起堅挺於路面，坐在車裡簡直像在環球影城玩印第安那瓊斯，震啊晃啊，碰啊撞啊，無一刻稍歇，經過一整天，居然一路無事地挺過來。六十度角大爬坡、拐彎，此車全無滯礙。

這種蘇俄時代的車結構簡單，堅挺耐用，零件不複雜，所以開的人都懂得修理，故障了自己修，修完了繼續跑。

艱難的環境不允許俄國人建造複雜精細的車，只好做簡單的結構，強悍地適應著環境。連

4WD
с564кн 38
А951МН 38

儀表板都是俐落不複雜的，沒有LED各種高科技的顯示，只出現一切必要的訊息。簡單而強悍，也如戰鬥民族的性格，在越困難的環境中，越能懂得適應，找到生存之道。

遊湖兩天，有個小插曲。這批人多，故分兩輛車出遊，某位旅客W一直在盤算著哪一輛車比較快，可以聽到更多導遊講解，想方設法上那輛車；我也被影響，無所適從。

忽聽魚大在旁悠悠地說：「人生就是不要勉強，勉強常常得到不好的結果。」

那語氣中的平靜，帶來釋放。不爭，放下執著之後，讓心自由，順其自然，就能沈潛下來，感受身旁的風景。那麼不管走上怎樣的路，都能有所獲得吧。

我隨順因緣上了看來比較破舊的甲車，W處心積慮地搭上了她判斷跑得比較快的乙車，但是那天，甲車跑得特別順暢，嚮導講解得也特別豐富。我得到意外的禮物。

車子駛過黃土地，穿越針葉林，在顛簸的路上打電玩般過關斬將地前行。時而陰天，時而大太陽，每一刻的天氣都在變換著。早上冷，中午熱，晚上寒，一天可以經歷四季。

遊湖的中午，嚮導們用鐵鍋在湖邊燒炭生火、煮魚湯。我坐在湖岸喝湯，看成群的水鳥紛

飛，竟伸手就能在石上抓到落單的小蝦，可見這裡的漁產之豐。想像自己是遊牧民族，策馬奔馳，眼前的大湖，是賴以為生的綠洲。脫鞋子踩在冰冷的湖水裡，感覺細浪一波一波地堆上淺灘，眼前像是一片汪洋，延伸到朦朧的對岸。對岸的山景在水氣中，模糊得若隱若現。

這片座落在西伯利亞大陸荒漠間的湛藍，帶我看見一片關於命運的意象。無數生命在此循環，征戰殺伐的歷史在此重演，時光流轉，它的孤芳自賞依舊，它的與世無爭如故。千百年來，這西伯利亞的一滴淚，悠悠地滴在地圖上，讓每個時代風塵僕僕路過的旅人在此憑弔，讓千瘡百孔的心境在此重生。

可是C，傷痕累累的愛情，如何重生？我站在湖畔的小山坡上，俯瞰天地，清晰地意識到：能重生的，只有自己的心境，只有自己。

幾個月前，那些頓失支柱的日子裡，我躲到在台中念研究所的朋友宿舍，早晨她去上課，我總是一個人醒在空蕩的房間，那種被絕望籠罩的脆弱，好希望永遠不要醒來。只要一睜眼，悲傷的感覺就無窮無盡。

火車旅程的每個早晨睜眼，四周見到的都是陌生人。如今我身在何處，你不會知道，也不

會關心。思念是兩人拔河的那條繩子，互有力量傳遞、拉扯才有意義，若一方鬆了手，抓著繩子的那一方便會向後跌個四腳朝天，手中緊握著空無的思念，無所適從。

明日又將搭火車，繼續上路西行。夜裡我在電腦前寫著可能永遠不會寄出去的信。旅行彷彿能更貼近生活的本質，其實我只是在寫著自己微不足道的歷史，沒有人在意的荒涼的日記。

但說起來，這已是在不自由的人生裡，最大的自由。

VII・再也不會想起你

Dear C：

離開貝加爾湖，回到三天前來時的伊爾庫茨克車站，等待下午四點十四分的火車出發，繼續向西往莫斯科的方向。而我有種此生再也不會回到這地方的悲觀。

一句俄文也不會，居然也成功買到 3G 網卡。賣卡的俄羅斯女孩兒熟練地比手劃腳跟我溝通，偶爾嘟噥著聽不懂的話，還是完成了交易。C，在俄國旅行更讓我時時想起俄文流利的你。我的痛苦是標誌上、菜單上、物品上都很少有英文，如果不會俄文，就是陷入一整片的外星語狀態。這趟可說是訓練了我肢體語言與察言觀色的能力。

女孩耐心地把 sim 卡剪成我的 iphone5s 適用的規格，剪完還用砂紙磨邊，以求形狀精準。終於手機又可以上網了，雖然，沒有必須聯絡的對象。

午餐到車站對面的中國餐廳吃鐵板烏龍炒麵，已算是近期難得的美食。貝加爾湖之旅過得有點滋潤，此刻突然覺得要上火車前的心情有點像是要進監牢，吃、住、行都將受限，於是巴不得好好珍惜此刻在自由世界遊蕩的時光。

古代的伊爾庫茨克曾是毛皮交易重鎮，至今此地仍有不少世界各地的旅客和商人。我在餐廳裡遇到一位來自上海、做生意的中國男人，俐落的短髮與精明的眼神閃爍著，他描述他的工作：從這裡批發木材，用火車運到廣州，一趟要花一個月。他兩地跑，不會俄文，就帶了一位胖胖的俄國人當隨行翻譯。我想著：唐朝人是不是就是這樣呢？那個漢人與胡人通商的時代。聽這位黃髮深眼的俄羅斯人講出流利的中文，戰鬥民族一秒成和藹大叔。

跟陌生人閒聊，聽聽那些我生命經驗以外的故事，是旅行時的小確幸。午後，下了一場雨，十分鐘後天地又被洗過一次，也像此刻的心情。那些等待著的、無所事事的時光，總是悠長。

傍晚上火車，重新上路，重新打理車廂裡的床，回到小窗邊，恍如隔世。

一路西行，中途經過了俄羅斯第三大城：新西伯利亞（Novosibirsk），整個西伯利亞最大的城市。我沒有下車去看，或許就讓西伯利亞停留在沒有都市介入的印象吧。

氣溫開始越來越酷熱，高溫三十一度，白天的我昏昏沈沈，睡了三次覺，每次醒來，天都還大亮著。清晨四點多就日出，直到夜裡九點半才天黑，白日長達十七小時。當珍貴的黑幕落下，室友的鼾聲炸到北極時，我卻來了讀書的興致，像學生時代那樣，埋進自己的小天地，徹夜研讀日文N2檢定考的考古題。

靠著車窗的小桌前，床邊一盞小黃燈，車輪以穩定的節奏摩擦著鐵軌，發出低沈如猛虎正蓄勢待發時的聲響，而窗外黑漆漆一片，整車的人正奔向未知的命運。

C，此時此刻，我心平靜。也許是因為，列車正像飛一般地，帶我離你遠去，離悲傷遠去，離回憶遠去，去到夠遠的地方，總有一天，我便再也不會想起你。

想寫封信給你　最後寫給了自己
想把心留給你　最後碎了一地
就淡然離開你　儘管離不開回憶
若學不會放棄　仍要往前走去

VIII・無法實現的承諾

Dear C：

想起那年我們一起去伊斯坦堡，下著雨的傍晚有點冷，天空陰灰，隔著博斯普魯斯海峽遙望對岸的歐洲，山坡上座落著高高低低的房子，是兒時在童話書上看到的景象。那天我心中有莫名的震盪，一直不想離開，待了很久，你在旁陪著我。

歐亞交界，以一條橋相鄰，兩個板塊彼此對望，端詳對方與自己的不同。「以後一起去歐洲吧！」當時你說，背後襯著土耳其的風。如今回想起來，是永遠無法實現的承諾。我們看見了越來越多彼此的差異，直到再也留不住美好的部分。

如今，西伯利亞鐵路帶我跨越歐亞洲的交界，從陸路。列車穿越烏拉山脈，就會將亞洲拋向後頭，抵達歐洲。白天在葉卡捷琳堡（Yekaterinburg）停留，歐亞交界的地理界碑位於它的市郊。這城市的名字很美，是彼得大帝以他的妻子、後來的俄羅斯女沙皇葉卡捷琳娜一世的名字命名，最早也叫凱薩琳堡。

這是蔣經國與蔣方良初識的城市，承載了被流放的蔣經國人生中最艱苦的一段歲月；可我總覺得，那應該也是他最難忘且懷念的歲月。有純粹的初愛，有深刻的身心磨折，有少年時期的熱血與憧憬，儘管都歷練在困苦的環境中。

C，大學時騎機車環島，經過嘉義的北回歸線，你曾帶我玩過「一秒來回熱帶與亞熱帶」的遊戲。這次在歐亞交界碑前，同行的旅客們無比興奮，在那條線的左右跳來跳去，表演「一秒到歐洲，再一秒回亞洲」。我和一位熱愛健身的大男生，在交界線上做伏地挺身，表演「頭在歐洲，腳在亞洲」的畫面。超級無聊，超級快樂，就像回到我們玩瘋了的大學歲月。

「你的世界太單純了，所以你才會覺得我對你那麼重要。」後來，你這樣對我說。我以為在乎一個人，就是用自己最單純的一面去專注對待他，所以我喜歡我們之間任何簡單甚至

幼稚的小快樂。卻沒想到，那些在乎，一次又一次堆疊成你的負擔。

究竟是因為不愛了，才成為負擔；是因為有了負擔，才不愛了？

但是C，你也曾經那麼單純的呀。單純地在一條北回歸線上跳來跳去，笑得天寬地闊。單純地因為我的沮喪而沮喪，悲傷而悲傷。是什麼帶走了那時的你？又或者，錯的是我，直留在原地？

上火車前，去了葉卡捷琳堡著名的滴血教堂（Храм На Крови, The Church on the Blood），這俄文直譯是「血泊上的教堂」。在腦中複習當年歷史課本上讓我們背得半死的俄國二月革命、十月革命。俄國的近代史充滿血腥，聖彼得堡也有一座滴血教堂，那是沙皇亞歷山大二世遇刺的地方；葉卡的滴血教堂，則是末代沙皇尼古拉二世全家被槍殺之地。

一九一七年發生二月革命，俄皇尼古拉二世被迫退位，正式結束了俄羅斯帝國，走向共和。之後尼古拉二世全家被囚禁在葉卡捷琳堡，住在滴血教堂現址（當時是一棟房子），最後仍逃不過全家十一人被布爾什維克黨人殺害的命運，死後屍體還被澆上硫酸銷毀。他有個女兒就是知名的「真假公主」安納塔西亞（Anastasia），後來發展出許多傳說故事。

尼古拉二世生前有血腥之名，政治能力也平庸，但他畢竟是俄國的皇室，未經審判下屠殺皇室的行動，是不人道的謀殺。當時是誰下的處決令，至今仍是個謎。蘇聯解體後，皇室獲得平反，曾經被認為可恨的專制皇族，搖身成了共產黨下的受害者、東正教殉道的聖人。

二〇〇〇到二〇〇三年，尼古拉二世遇害之地建造起了拜占庭風格的滴血教堂，紀念這位悲劇的末代沙皇。看來歷史的功過，也非蓋棺就能論定。

散步來到滴血教堂的這一天，遠看那白牆金黃圓頂矗立，厚重的雲層壓在天邊，彷彿也在為沈重的歷史哀悼。走進教堂，一位像是主教的紅衣白髮老人，正在帶領某種儀式，念著經文，氛圍肅穆，老人前聚集的人們聽到一個段落時，都不約而同地跪下。而旁觀的我，悄悄離去。

歷史好遠了，只殘留在從課本上得來的一些片段記憶。人類的歷史就是一個循環，血腥的尼古拉二世不得善終，卻也沒有遏止後世狂人無盡的屠殺。

就像世間無數失敗的愛情，無論曾帶來多大的悲傷，寫下多少悲劇故事，卻依然有人前仆後繼，為它瘋狂，為它獻身，此生不渝，無怨無悔。

前進歐洲。窗外的景物不知不覺已悄悄變換，從荒涼之地，到逐漸有越來越多的綠意、房屋、人群存在的痕跡。離開了葉卡捷琳堡，也代表正式離開了西伯利亞，進入歐俄平原了。

我也好想轉換腦中鬼打牆重播著的往日風景。能不能讓我轉台，讓我退訂，讓我棄劇。這齣戲再精彩，演員沒了，要如何再好好地演下去？

IX・9288KM

Dear C：

列車與時間，皆滾滾向前。

西伯利亞鐵路最後一個火車臥鋪的日子，我一如往常地睡醒醒醒好幾次，在陽光刺眼的窗前醒來，躺著，頭頂呼嘯著飛逝的風景，回放剛剛的夢境：一些台灣友人的呼喚，交雜著已知或未知的遺憾，存在或不存在的吉光片羽，我生活在另一個時空，那麼真實，又那麼不真實。

只想一直躺著，多感受一分列車在鐵軌上的震盪，那清晰不已的搖晃感，是此生最貼近歐亞大地的時光。

一站又一站，蜿蜒過荒野大陸的鐵路遼闊，不知不覺也耗過七個日夜。這塊土地上，千百年來上演多少離別。想起在某月台進站時，在列車上牽著小女孩的母親，下車之後，看起來像是爸爸的人衝過來，一家人洋溢著幸福的微笑，擁抱、親吻，爸爸將小女孩抱起來，一手拉起行李，離開月台。那畫面，像極了許多電影中的情節，而原來電影都不是電影，是生命裡再真實不過的悲歡離合。

列車在許多不知名的小站中暫停片刻，乘客像是被放風一般地下車，珍惜幾分鐘自由時光，過境，補給食品，再上路。那些穿著軍裝的平頭士兵，全身掛滿布偶娃娃前來販賣的青年男子，推著嬰兒車裡面裝滿食物的媽媽桑小販，不熟悉的語言，用計算機溝通價錢，用微笑與手勢試圖了解彼此的需求。

在每一個各有特色的車站中路過，炎熱的白天、沁涼的傍晚、寒冷的午夜，那幾分鐘的片刻，像是生命中掠過的感觸，稍縱，即逝。

有更多的車站只是路過，驚鴻一瞥，不稍停歇，也許錯過什麼風景，卻也無所謂。該留下的，

就會留下。

深深著迷於這種短暫的經過，喜歡在每個小站月台佇立片刻的當下，陌生的城市、陌生的空氣，卻是熟悉的一種生活情境。我們如此不同，又如此相同。我們沒有共同的語言，卻有共同的生活需要。我來到他人的藍天白雲之下，吃著他們的食物，領略他們的微笑。這此生唯一一次、短暫卻至少有過的交會。

最後一個午後，遇見一位穿深灰格子襯衫的老伯伯，帶著兩隻可愛的蘇格蘭摺耳貓旅行。貓兒乖巧，趴睡在他旁邊。我在最後一次列車中的午睡醒來，睡眼惺忪，與貓兒打招呼，一切都沈靜了下來。

將近兩百個小時，海參崴出發，橫跨過九二八八公里的時光，不斷移動的生活，在進入莫斯科這個滿載滄桑的俄羅斯古城之後，告一段落。

太喜歡，有太多不捨，卻還是不得不結束。就像人生中許多旅途一樣，捨與不捨，到盡頭了，誰都得告別。

C，說來老派，但或許，我們應該就用一種感謝的心情，好好告別，各自走入下一段路途。

現在的我，還無法假意去祝福你更好，只祈禱我自己不要再不好，就很好了。

列車緩緩進站，抵達莫斯科，雅羅斯拉夫斯基車站（Moscow Yaroslavsky）。

全程 九二八八公里的西伯利亞大鐵路主線，我完成了。

都將走向新的旅程　Au revoir
說好不爲彼此停留
看車窗外的你沈默不語
我不再哭泣
C'est La Vie

X・一直走就不怕孤獨了

Dear C：

莫斯科的早晨我醒來，民宿中的微塵粒子散開在屬於歐洲的光中，清晰可見。乳白色建築體，百葉窗的層次分明，室內瀰漫著愛麗絲夢遊仙境般的柔和感。空氣微涼，一個陽光好天氣，適合醉生夢死。

室友快速梳洗之後，出門追逐景點了。各種教堂的巍峨壯麗，鐵幕蘇聯的神秘，異國情調的搔首弄姿，千里迢迢來到這裡，似乎真該好好去品嘗探索，進行一場觀光客的儀式。

可此刻，我只想在這小屋的光影裡坐一會兒。過去十多天，與陌生人聚集在狹小空間，身旁總是有著各種能量場存在，終於回到一個人的靜謐。

C，出發前我盼望著能在火車上的人群中，在日以繼夜的陌生裡，稀釋回憶，稀釋對你的想念；而到此刻，又開始眷戀獨處。

「你不知道自己要什麼。」在離職心思已醞釀很久的某日，找老闆深談，他問我如何才願

意留下，我瞠目以對。於是總是習慣下註解的老闆，為我下了這樣的結論。

後來，我才清楚了自己，儘管不特別要什麼，卻知道不要什麼。不要在每日重複的routine中當作人生就是如此，不要在一個地方汲汲營營追求被這個社會制約的目標，不要做乖寶寶模範員工，不要為了某個眼光而肯定或懷疑自己，不要愛得卑微，愛得失去自我。

人生的每一步，就像旅行時的每個轉向，都是自己的選擇。心志若自由，無論選擇什麼，都是自由的。雖然我不想如老僧一般，總說著世事如浮雲，但確實世間的一切生，都預示著滅。該來的會來，不該來的，強求無益。

然而，若不是萬水千山走遍，又怎有超越想像的喜悅。

C，曾有的美好，或許也不是因為你或我，不是因為誰多好、多不好，而是兩個人天時地利的幸福。我不後悔有過熱烈，儘管帶來今日的痛苦。分開，也不過就是我們都已過了那個階段。

這一路所看到的，都是真的。如同曾經的你，也是真的。那是因為我們真真實實地相愛過。我不後悔，卻也不期盼重來。

我只能一直一直地向前走去。
一直走就不怕孤獨了。

早就不信生命像什麼詩　浪漫得萬無一失
以爲還沒長大的同時　遺憾已經開始
每次都覺得是最後一次　習慣站告別位置
迷途中唯一的導航　是對自己誠實
有時太任性　有時太著急　寧可傻傻看不清
有時刻意把腳步放輕　在喧嘩中淡定
換了風景也換了身邊伴侶　更珍惜短暫相遇
忘不了昨日的美麗　也得一路走下去

July 12th 2011: Traditionnal Siberian wooden house.

Picture taken on Olkhon island, Lake Baikal

Khuzhir, Olkhon Island

76小時火車之後，貝加爾湖中小島的第3天早晨。
出來不到一星期，卻因為長途跋涉而覺得過
了好久。經歷了火車、許多車站、巴士、渡輪、草原到
湖邊。和Fish的旅行總像真正的流浪，大量移
動到某處生活，不太規則的步調，總是灰頭土臉，
但真正體驗到生活。或許人生便是每個當下
的生活，當下的每一分、每一秒。
蘇武牧羊之地，我沒去蒙古，卻先到了北海。
歷史的堅韌，默默在其中。

Postcard by Nicolas Pernot
www.nicolaspernot.com

To: 黃婷
台灣台北市文山區

Taipei, Taiwan

後記

生命中有些意想不到的片刻，成了轉捩點。

如果不是那個深夜，無意間闖進了「達人帶路」網站，認識了魚大和阿秋，我對於旅行這件事的想像，還停留在去各種觀光景點的吃喝玩樂，抑或是悠遊於歐洲的古建築、漫步在日本的溫泉街、翻滾於海島的沙灘。

那夜之後，我被帶離五光十色的都市、人人嚮往的度假勝地，而去了秘魯、復活節島、肯亞、尼泊爾、育空河、南極、阿拉斯加、西伯利亞、東加群島……這些生活環境堪稱簡陋、抵達過程千波百折的地方。因為達人帶路，十八歲以前埋首書本、生活路線僅限於家跟學校的我，才一步步打開了真實地理的遼闊，體會到人類世界的無限開展，來自於不斷地移動與探索。

在低潮的歲月裡，出走是唯一的答案。幸運的我遇見這兩位天使般的嚮導，走向每段心靈之旅。不需自己操煩行程的細節，只要激發出走的勇氣就可以了。也因此，寫這本書並不打算教人如何去這些荒野之地，也不敢妄稱是什麼苦旅，大部分麻煩事魚大和阿秋都幫我搞定了，我只是勇敢地出發，然後專注去療癒自己。

其實絕大多數的旅程，最難的都不是過程，而是出發。

途中和許多人相遇，有些現在還保持聯絡，有些如浮雲飄過，都好。凱西、蔡董、Nicole、菜圃、雅怡、阿比、阿爆、小麗、小高、小施、小羅、高個兒……還有很多人，原諒我不及在此一一唱名。翻看照片，有時一張久違的臉孔跳出來，就帶我回到那個溫暖的時空。茫茫人海中，一期一會，感謝那交會時互放的光亮。

曾經我在育空河的帳篷裡，在南極的船艙裡，在喜馬拉雅山脈中的木屋裡，在西伯利亞大鐵路的臥鋪裡，在滿天星光下，在氣溫零下的高海拔區，在那些反芻自我的荒郊野外，跟旅程中邂逅的人們，說起我心中那個揮之不去的你。儘管素昧平生，他們仍用溫柔的理解，陪伴我某個過不去的片刻。

在那些無以名狀的支撐下，漸漸地，一個人就能走得越來越遠，也離你越來越遠了。

我知道，如果還無法忘記你，那只是因為我走得不夠遠。

現在，終於足夠遠了。

有些人不再見了
有些夢已淡忘了
我唱著每一首歌　留住的快樂

有些路用力走著
有些傷用生命癒合
我還能　微笑著活著

有時候來不及沉澱
歲月總是跑在靈魂的前面
好在還有一點信念　陪我們完成每一天
別忘記心中的少年
狂奔的勇敢的
最初的少年

國家圖書館出版品預行編目 (CIP) 資料

一直走就不怕孤獨了 = A journey with myself / 黃婷作 . -- 初版 .
-- 臺北市 : 大塊文化出版股份有限公司 , 2023.01
面；　公分 . -- (Catch ; 292)
ISBN 978-626-7206-64-5(平裝)
1.CST: 旅遊文學 2.CST: 世界地理
719　　111020853

Catch 292

一直走就不怕孤獨了
A Journey with Myself

作者｜黃婷
責任編輯｜韓秀玫、方竹
美術編輯｜ Benson
行銷企劃｜陳燕柔
內頁攝影｜黃婷
校對｜江智慧
特別感謝｜達人帶路（魚大、阿秋）、R1

出版者｜大塊文化出版股份有限公司
台北市 105022 南京東路四段二十五號十一樓
www.locuspublishing.com
電子信箱｜ locus@locuspublishing.com
讀者服務專線｜ 0800-006689
TEL ｜ (02) 87123898
FAX ｜ (02) 87123897
郵撥帳號｜ 18955675
戶名｜大塊文化出版股份有限公司
法律顧問｜董安丹律師、顧慕堯律師

總經銷｜大和書報圖書股份有限公司
新北市新莊區五工五路二號
TEL ｜ (02) 89902588 (代表號)
FAX ｜ (02) 22901658
初版一刷｜ 2023 年 1 月
初版四刷｜ 2023 年 4 月
定價｜新台幣 480 元

Printed in Taiwan